PUBLICATIONS DE LA SOCIÉTÉ « LA SABRETACHE »

LETTRES, ORDRES

ET

DÉCRETS DE NAPOLÉON Iᴱᴿ

EN 1812-13-14

NON INSÉRÉS DANS LA « CORRESPONDANCE »

RECUEILLIS ET PUBLIÉS

PAR M. LE VICOMTE DE GROUCHY

LIBRAIRIE MILITAIRE BERGER-LEVRAULT ET Cⁱᵉ

Éditeurs du « Carnet de la Sabretache »

PARIS | NANCY
5, RUE DES BEAUX-ARTS | 18, RUE DES GLACIS

1897

LETTRES, ORDRES

ET

DÉCRETS DE NAPOLÉON IER

EN 1812-13-14

NON INSÉRÉS DANS LA « CORRESPONDANCE »

NANCY. — IMPRIMERIE BERGER-LEVRAULT ET Cie.

PUBLICATIONS DE LA SOCIÉTÉ « LA SABRETACHE »

LETTRES, ORDRES

ET

DÉCRETS DE NAPOLÉON Iᴱᴿ

EN 1812-13-14

NON INSÉRÉS DANS LA « CORRESPONDANCE »

RECUEILLIS ET PUBLIÉS

PAR M. LE VICOMTE DE GROUCHY

LIBRAIRIE MILITAIRE BERGER-LEVRAULT ET Cⁱᵉ

Éditeurs du « Carnet de la Sabretache »

PARIS
5, RUE DES BEAUX-ARTS

NANCY
18, RUE DES GLACIS

1897

LETTRES, ORDRES ET DÉCRETS DE NAPOLÉON Ier

NON INSÉRÉS DANS LA « CORRESPONDANCE »

ET PUBLIÉS DANS LE « CARNET DE LA SABRETACHE »

PAR M. LE VICOMTE DE GROUCHY

———

Les lettres inédites de l'Empereur présentent un intérêt qu'il serait superflu de souligner; celles qu'on va lire ont trait, en majeure partie, à la reconstitution de l'artillerie de la Grande-Armée après la retraite de Russie. Il n'a pas paru nécessaire de rappeler à ce propos l'organisation d'ensemble de nos troupes en 1812 et 1813, ce serait ici beaucoup trop long et les documents abondent sur ce sujet. On s'est donc borné à deux préambules très courts résumant la question au point de vue de l'artillerie.

Ces lettres sont tirées d'archives de famille.

1re Partie. — Année 1812.

Dès le mois de décembre 1810, l'expédition de Russie était décidée. A partir du 9 de ce mois, l'Empereur expédia sans relâche les ordres relatifs à la Grande-Armée. L'équipage d'artillerie fut l'objet de tous ses soins; *lui-même* en traça le projet détaillé, le fit étudier au ministère de la guerre, le soumit à l'examen du général de Lariboisière (avril 1811) et donna les ordres d'exécution. Cependant il l'augmenta successivement (novembre 1811) et n'en arrêta la composition définitive que le 21 janvier 1812; tout devait être prêt et en place pour le 15 février.

Chaque mois un rapport du ministre renseignait l'Empereur sur l'état d'avancement des travaux et sur la situation des troupes; néanmoins, plus le moment d'entrer en campagne approchait, plus le chef de l'armée désirait des nouvelles précises et récentes. Tel était le but des missions confiées aux officiers d'ordonnance.

F. R. M.[1]

———

[1]. Une partie des pièces était sans dates. M. le capitaine d'artillerie de Reviers de Mauny a bien voulu se charger des recherches nécessaires pour combler cette lacune. Les dates retrouvées ainsi sont inscrites entre parenthèses. Les autres notes de la présente publication sont du possesseur des documents reproduits. V.

— 2 —

Saint-Cloud, le 1 avril 1812.

Monsieur Gourgaud,

Rendez-vous dans la nuit à Fontainebleau, vous y passerez la revue de tout le dépôt qui s'y trouve et m'en rapporterez une situation exacte des cadres et des hommes présents à chaque bataillon de sergents et de caporaux, ainsi que de ceux annoncés comme devant arriver.

Sur ce, etc.

NAPOLÉON.

———

A Saint-Cloud, le 4 mai 1812.

Monsieur Gourgaud,

Rendez-vous à La Fère, où vous prendrez connaissance de la situation de l'artillerie, personnel, matériel et attelages, tant de la Garde que du bataillon que j'ai réuni à la Garde, qui est partie, qui reste à partir, et de l'époque où elle sera prête. Vous ferez un rapport détaillé sur cet objet.

Sur ce, etc.

NAPOLÉON.

———

Saint-Cloud, le 8 mai 1812.

Monsieur Gourgaud,

Partez avant neuf heures du matin, rendez-vous à Metz, où vous visiterez en détail l'arsenal et les dépôts de l'artillerie, du génie, des pontonniers, des équipages militaires, et des corps qui sont aux environs, afin de me faire connaître, à mon arrivée, si ce que ces dépôts doivent fournir à la Grande-Armée est parti, et ce qui reste à partir.

Sur ce, etc.

———

Dresde, le 21 mai 1812.

Monsieur Gourgaud,

Une division d'infanterie, de cavalerie et d'équipages militaires de trois à quatre mille hommes, venant de Vérone, et commandée par le général Guyonneau, doit être aux environs de l'Elbe. Prenez des renseignemens sur la force et la situation de cette colonne, et particulièrement sur le nombre des chariots, traînés par des bœufs, qui arrivent avec elle.

Sur ce, etc.

NAPOLÉON.

Dresde, le 26 mai 1812.

Monsieur Gourgaud,

Vous vous rendrez aussitôt à Glogau. Vous ferez un état de tout ce qui a passé par cette ville des troupes de ma Garde, infanterie, cavalerie, artillerie, marins, etc. Vous prendrez la situation de la place, de son armement, de ses magasins, des dépôts, etc., afin que je puisse avoir une connaissance exacte de tout.

Sur ce, je prie Dieu, etc.

NAPOLÉON.

Dantzig, le 9 juin 1812.

Monsieur Gourgaud,

Partez cette nuit pour vous rendre à l'extrémité du Nehrung. Vous verrez la situation des ouvrages, des troupes qui les défendent, les canonniers, leur nombre et le calibre des pièces, enfin les approvisionnements qui existent.

2° Vous vous rendrez à Pillau, vous verrez la situation des pièces

qui battent la passe, la situation de l'artillerie, des approvisionnements de siège, des fortifications, de la garnison, de la place et de
tout ce qui peut m'intéresser. Vous me ferez connaître les moyens
de passage qui existent et combien de tems il faudrait pour passer
mille chevaux et si cela est organisé.

Vous me ferez un rapport détaillé sur ces deux objets, et vous
vous rendrez à Kœnigsberg, où vous resterez. Pendant votre séjour
dans cette ville, vous courrez, vous verrez les hôpitaux, les magasins, le port, l'artillerie, et tout ce qui peut m'intéresser sur la situation des choses, afin qu'à mon arrivée à Kœnigsberg vous puis-
siez me tenir au fait de tout.

NAPOLÉON.

16 juin 1812.

Gourgaud partira pour se rendre à Wehlau, où il remettra cette
lettre au général Durosnel[1]. Il se rendra de là à Intersburg, d'où
il m'enverra un rapport à Wehlau, où je serai dans la nuit ; il me
fera connaître si la Garde arrive, si les équipages sont arrivés, la
quantité de farine qui est arrivée à Intersburg, ce qu'on a fait pour
ramasser les bateaux et la quantité réunie. Il verra l'ordonnateur
de la Garde pour qu'on réunisse toutes les voitures qu'on pourra.
Il me fera connaître aussi si mes équipages sont arrivés à Intersburg.

NAPOLÉON.

A Kamen, ce 24 juillet 1812.

Gourgaud ira à Saint-Lepel, il verra le maréchal du district,
visitera les magasins afin de connaître la quantité de farine et
d'eau-de-vie qu'on peut espérer, si l'on a fait des fours, etc.

De là il se rendra dans la petite ville de Tschatniké pour le

1. N° 18,811 de la *Correspondance*.

même objet. Il doit y avoir, dans l'une et dans l'autre de ces villes et dans d'autres villes et châteaux de la province, quelques magasins appartenant aux Russes.

NAPOLÉON.

2ᵉ Partie. — Année 1813.

Arrivé à Paris le 18 décembre 1812, l'Empereur s'occupa aussitôt de refaire une armée. L'équipage d'artillerie qui avait franchi le Niémen avait disparu tout entier. Napoléon en voulut un autre, plus considérable encore. Le 27 décembre il se fit apporter les états du matériel et du personnel d'artillerie existant dans l'Empire et, le lendemain, il dicta au général Gassendi, alors chef du bureau de l'artillerie, et au colonel Évain, son adjoint, un projet dont l'exécution commença aussitôt. Les mesures de détail durent être modifiées pendant les mois de janvier et de février 1813; mais Wesel et Mayence restèrent les points de rassemblement de tout ce qui se trouvait sur la rive gauche du Rhin, tandis que Magdebourg était un arsenal avancé.

Les documents ci-après peuvent faire voir comment l'Empereur se faisait renseigner, comment il donnait ses ordres et comment il s'assurait de leur exécution.

Au palais des Tuileries, le 2 mars 1813.

Monsieur le Baron de Laplace, *mon officier d'ordonnance* [1],

A votre passage à Mayence, vous me rendrez compte des convois d'artillerie qui sont partis, et de ceux qui doivent partir pour les corps d'armée de l'Elbe et du Rhin. Chacun de ces corps doit avoir 92 bouches à feu.

Vous me ferez connaître jour par jour la situation des convois d'artillerie partant, personnel et matériel.

En passant à Metz, vous vous informerez des marchés de chevaux du train qui y ont été passés, de la quantité de chevaux reçus,

---

1. Voir à la *Correspondance* le nº 19,637, qui est une instruction donnée au capitaine de la Place le 2 mars 1813.

de ce qui reste à recevoir et à quelle époque, vous verrez si les chevaux sont bons.

Vous verrez également à Metz les bataillons des équipages militaires, combien ils sont d'hommes, de chevaux, etc. Quand partira la première compagnie des (illisible)?

Vous prendrez à Mayence les mêmes renseignements, tant sur les marchés de chevaux du train que sur la situation des équipages militaires, et m'informerez également de tout.

Instructions du 2 mars.

M. de Laplace doit s'assurer et rendre compte à Sa Majesté de la place de Cronach, qui doit être mise en état de défense, surveiller les progrès de la réunion des troupes bavaroises à Bamberg, Bareuth et Cronach, informer de cette réunion le Vice-Roi et le général de Lauriston; il doit les informer également de la réunion des Wurtembergeois, Hessois et Badois à Wurtzbourg; enfin, il doit insérer dans ses lettres tout ce qui peut intéresser le service de Sa Majesté. L'ordre lui a été donné de parcourir les routes de Wurtzbourg à Gotha.

Note dictée par l'Empereur le 5 mars au soir.

On peut arrêter à Minden et diriger sur Cassel et Francfort, pour faire partie du corps du Rhin, les compagnies ci-après : 46e, 65e, 64e. De quel pays sont ces trois compagnies?

Il faut donner ordre aux sous-officiers et officiers qui devaient à l'arrivée de ces compagnies y être incorporés, de partir pour Minden et Francfort rejoindre leurs compagnies.

Des neuf compagnies qui doivent être arrêtées à Vesel, on laisse les deux arrivées, pour la garnison, on en prendrait quatre à Maestrich, à Mons et qu'on dirigerait sur Francfort.

Ce qui, joint aux trois autres ci-dessus, fait sept compagnies, pour le premier corps du Rhin.

A cet effet, il n'y a pas un moment à perdre, il faut adresser par estafette l'ordre à mon ministre à Cassel, qui les fera partir pour Francfort.

Il ne faut pas perdre de tems et diriger sur Magdebourg ou de tout autre endroit sur Francfort, toutes les compagnies d'artillerie nécessaires aux deux corps du Rhin.

Les compagnies partant de Magdebourg iront par Cassel, afin d'éviter les coureurs ennemis, de manière qu'on soit tranquille sur leur marche.

Me faire connaître l'organisation complète du corps du Rhin.

Écrire au général Sorbier de faire partir pour l'artillerie de la Garde à Francfort, tout ce qu'il a de personnel de la Garde avec lui; voir, à ce sujet, le maréchal Duroc.

J'ai besoin d'une compagnie à Wurtzbourg, il faut la prendre à l'armée, ou à Mayence, enfin, où il s'en trouve, au plus près de Wurtzbourg.

Écrire au directeur du parc à Magdebourg.

Dans le cas où Magdebourg serait cerné, il ne faut laisser dans cette place que le nombre de compagnies d'artillerie nécessaires à sa défense et que le reste suive le mouvement de l'armée sans se laisser enfermer.

Quant à l'équipage de Magdebourg, il doit être considéré comme presque organisé, puisqu'il aura au moins simple approvisionnement. Les caissons fournis par le double seront fournis par l'Allemagne.

Resteront à Vesel . . . .

Si on évacue l'Elbe . . . . *(sic)*

Et comme on peut aller. . . . .

Il faut faire aller par eau les 386 caissons, les tirer, soit d'Anvers, ou de Strasbourg par le Rhin.

L'armée aurait le complément de son artillerie à Vesel.

Il est fâcheux que l'on ait enfermé tant de pièces à Magdebourg, qui, n'ayant pas d'attelages, sont dans le cas d'y rester.

Il me faut un état-colonne qui me fasse connaître jour par jour la force de l'artillerie de corps : personnel et matériel. En principe, il vaut mieux avoir tout de suite une batterie avec un simple approvisionnement, ou un et demi, que d'en attendre trop longtems une avec un double.

Et comme ce corps devrait aussi se retirer sur Vesel, le supplément de son artillerie, ou double approvisionnement, peut aussi être à Vesel.

Les divisions des 1er et 2e corps à Dessau et Vittemberg feraient la garnison de Magdebourg.

Il faudrait ordonner que le corps de l'Elbe prît les quatre batteries de ces divisions. On organisera à Magdebourg des pièces ou des caissons pour les sorties, avec les chevaux du pays, tout au plus sept ou huit pièces. Par ce moyen, on augmentera l'armée de quatre batteries.

On peut comprendre, sous la dénomination d'armée, ou équipage de Vesel, tout ce qui est compris aujourd'hui à la Grande-Armée en y comprenant le corps de l'Elbe, et d'équipage de Mayence, ce qui forme les 1er et 2e corps du Rhin, 2e d'Italie, la Garde.

Il faut voir Daru pour savoir s'il est convenable que deux batteries à pied et une à cheval restent à l'avant-garde, avec la Garde, qui est avec le Vice-Roi.

Il faut, de toutes façons, que cela ne soit pas compris dans les cent vingt bouches à feu qui formeront l'équipage de la Garde.

En effet, les chevaux ne sont pas les mêmes, le matériel n'est pas le même, puisqu'il est fourni en Allemagne.

Il ne faut, à cette partie de la Garde, qui est avec le Vice-Roi, que deux batteries.

Il faut l'équipage des cent vingt pièces à Francfort.

L'équipage à organiser en Allemagne est de . . . 969 voitures.

J'ôte une batterie à la Garde, 8 pièces, reste . . 920 —

En réduisant à un approvisionnement simple, ce qui économise . . . . 260 —

Reste donc à atteler seulement. . . . . 660 —

Lesquelles à cinq chevaux font 3,300. Il faut me faire connaître ce qu'il y en a.

Je pense qu'il doit y avoir cette quantité.

L'équipage à faire en France est de 600 voitures par corps d'observation, ce qui fait 3,000 chevaux, total 9,000 pour l'Elbe, 1er et 2ᵉ du Rhin, 3,000 pour celui d'Italie, 600 pour le 2ᵉ corps de cavalerie, 3,000 pour la Garde. Total 15,600.

Mais ce calcul suppose un double approvisionnement; combien, en ne donnant en ligne qu'un simple, faudra-t-il?

Le simple approvisionnement doit faire une économie de 1,300 voitures ou de 6,000 chevaux. Il n'en faudrait donc que 10,000. On doit les avoir. Il faudrait seulement prendre promptement des mesures pour que le 2ᵉ approvisionnement fût organisé aussi en personnel, matériel, chevaux, etc.

N.

———

Trianon, le 12 mars 1813.

Monsieur le duc de Feltre, *mon ministre de la guerre,*

Le premier corps de la Grande-Armée[1] est composé de la première division de la Grande-Armée et de la division qui doit se former à Vesel avec les quatrièmes bataillons. Cette division sera la deuxième de la Grande-Armée, il est possible que dans le courant de mai, on envoye à ce corps les troisièmes bataillons, au lieu de les envoyer aux brigades provisoires.

Il est bien entendu que lorsque les divisions se réuniront, chaque bataillon rejoindra son régiment, et alors les divisions se trouveront composées chacune de quatre à cinq régiments.

D'après les derniers états d'artillerie arrêtés, il a été décidé que la première division du premier corps aurait ses deux batteries organisées à Magdebourg et que la deuxième division de ce corps devant se former à Vesel, recevrait de l'intérieur ses deux batteries.

Il sera nécessaire de joindre à ce corps une batterie de réserve, dans le courant de mai, ce qui ferait en tout quarante bouches à feu. Mon intention est que cette artillerie s'organise à Vesel. Il faut nommer pour ce corps un général d'artillerie et un colonel directeur du parc, ces deux officiers surveilleront à Vesel l'organisation de ces batteries.

———

1. A comparer avec le décret qui, dans la *Correspondance*, porte le nᵒ 19,698.

Ce que je viens de dire pour le premier corps s'applique également au deuxième, dont la première division, ou troisième division de la Grande-Armée, s'organise à Magdebourg, et dont la deuxième division, ou quatrième de la Grande-Armée, se forme à Vesel.

Les troisièmes bataillons donneront la facilité de créer une nouvelle division, et il faudra pour cette division trois batteries à pied, dont une de réserve.

Dans la pénurie où l'on est de généraux d'artillerie, un seul général de cette arme surveillera à Vesel la formation des batteries, tant du premier que du deuxième corps. Il faut seulement nommer pour le premier corps un colonel directeur du parc.

Le général Jouffroy me paraît convenable pour commander à Vesel l'artillerie du premier corps et celle du deuxième.

D'après ces dispositions, l'artillerie des premier et deuxième corps sera composée pour chacun d'eux de sept batteries dont une de réserve, ce qui exigera cinquante-six bouches à feu, et comme je destine ces deux corps à la défense de la 32e division militaire, à repousser les descentes que l'on pourrait tenter et à l'occupation du pays compris entre l'Elbe et le Rhin, il suffira que cette artillerie s'organise promptement.

Ainsi donc, les premières divisions des premier et deuxième corps sur l'Elbe doivent déjà avoir leur artillerie organisée à Magdebourg, et quant aux deuxièmes divisions des mêmes corps, qui s'organisent à Vesel, il suffit qu'elles aient, en avril, chacune une batterie disponible, afin de s'en servir contre des révoltés et détruire des villages si les circonstances l'exigeaient. Les deuxièmes batteries devront être prêtes à la fin d'avril, et celles des troisièmes divisions et réserves devront l'être en mai.

Le pays de Vesel étant abondant en chevaux, on pourra facilement former les attelages, mais il faut penser d'avance aux moyens de se procurer le personnel, matériel, harnais, nécessaires.

Dans l'état général de l'artillerie, il faut comprendre chacun des premier et deuxième corps pour cinquante-six bouches à feu.

Sur ce, je prie Dieu qu'il vous ait en sa sainte garde.

NAPOLÉON.

Trianon, le 14 mars 1813.

Au ministre du Trésor.

Monsieur le comte Mollien, le ministre de la guerre se plaint que les ordonnances pour fournitures de chevaux d'artillerie ne sont pas payées, et que les fournisseurs manquent d'argent pour continuer leurs achats. Les moindres retards sur cet objet pourraient devenir funestes. Ces ordonnances doivent être payées avant tout et promptement. Levez donc toutes les difficultés à cet égard, afin de ne pas donner de prétexte aux fournisseurs de retarder leurs livraisons.

Sur ce, je prie Dieu qu'il vous ait en sa sainte garde.

———

Sur la même feuille, sans date.

Monsieur le duc de Feltre, le mouvement offensif dépend de moi, mais le mouvement défensif dépend de ceux de l'ennemi. Il faut donc qu'au 1er avril le premier corps du Rhin ait ses grosses bouches à feu disponibles, et comme je le réunis sous Wurtzbourg, il est nécessaire qu'un million de cartouches d'infanterie et dix mille coups de canon soient envoyés à la citadelle de Wurtzbourg, on pourra faire ce transport par le Mein ou par des voitures du pays. Comme au 1er avril, le personnel d'artillerie du 1er corps du Rhin sera arrivé, je veux que son matériel soit prêt.

Il faut au corps de l'Elbe deux batteries d'artillerie à cheval, deux au 11e corps, quatre au 1er corps de cavalerie, quatre au 2e, total douze. Je pense qu'on en organise quinze à Magdebourg, on pourrait en attacher une au 1er corps, une au deuxième. Maintenant, à l'armée du Mein il faut au troisième corps d'observation six batteries à cheval et quatre pour la cavalerie. Faites-moi connaître combien il y en a de disponibles. Si l'artillerie à cheval n'est pas encore prête, il faut que l'artillerie à pied la remplace (elle est bonne pour la guerre défensive, et j'ai jusqu'au 1er mai pour la guerre offensive). D'ailleurs, il est de peu d'importance qu'une batterie de plus ou de moins soit servie par l'artillerie à cheval, au lieu de l'être par l'artillerie à pied. Les batteries à cheval les premières organisées seront données aux corps de cavalerie et ensuite on en donnera une à chacun des corps d'observation, la deuxième ne sera fournie à ces corps que lorsque l'on en aura de disponibles. En attendant, on les remplacera par de l'artillerie à pied.

———

Sans date[1].

Monsieur le Maréchal, Duc de Valmy,

Le général d'artillerie Pernetty doit être arrivé à Mayence; il commande en second l'artillerie de l'armée et est attaché à l'armée du Mein. Le général Pellegrin doit également se rendre dans cette place. Il est directeur en second du grand parc de l'armée; ces deux généraux doivent organiser à Mayence tout le matériel des deux corps du Rhin.

J'ai une grande hâte d'avoir mes 180 bouches à feu des premier et deuxième corps du Rhin, à raison de 92 chaque, entièrement organisées et disponibles avec leur simple approvisionnement. Les ordres sont donnés pour l'expédition du matériel nécessaire sur les 172 voitures de l'artillerie que vous avez déjà dans votre place pour ces deux corps. Ainsi, vers le 20 mars, je serai donc en mesure pour le matériel.

Ces 184 bouches, avec leur approvisionnement simple, font un total de 190 voitures d'artillerie, pour lesquelles il faut 4,116 chevaux d'artillerie, en comptant cinq chevaux par voiture de batterie à pied, et 5 1/2 pour celles de l'artillerie à cheval et des réserves; or, j'ai en ce moment:

700 chevaux à Mayence (les soldats ne sont pas tous habillés), 400 à Metz, 500 à Strasbourg, 500 à Besançon, 150 à Tours, 250 à

———

1. Paraît avoir été écrite entre le 10 et le 20 mars 1813.

Maëstricht, 250 à Douai. Dans ces deux dernières villes, les soldats du train ne sont pas encore habillés; total : 3,350 chevaux. Tous ces chevaux avaient déjà été reçus au 10 mars, et il n'y a pas de doute que les 800 manquants au complet de 4,116 ne soient reçus d'ici au 20. Les 700 chevaux que vous avez à Mayence seraient disponibles si les soldats du train étaient habillés; levez donc toutes les difficultés à cet égard, habillez-les de suite, afin que les 700 chevaux puissent partir du 20 au 25, mais non les batteries du 1er corps du Rhin, parce que j'attache une grande importance à ce que ce corps ait son artillerie et puisse déboucher sur Wurtzbourg.

Sur ce, etc.

NAPOLÉON.

_____

Trianon, 19 mars 1813.

Monsieur le duc de Feltre,

Je pense qu'il est inutile de faire confectionner deux millions de cartouches à Vesel; je préfère que la poudre reste en barils, au lieu d'être employée en confections. Je n'approuve pas que vous retiriez quatre millions de cartouches de Boulogne pour les envoyer à Vesel; il vaut mieux que vous les fassiez expédier sur Anvers par le cabotage, et que vous fassiez prendre quatre millions à Anvers pour les envoyer à Vesel. Vous pouvez aussi retirer un million de cartouches d'infanterie de Metz et huit millions de Strasbourg, et les envoyer à Mayence, sans en confectionner de nouvelles. Il ne faut pas à Boulogne plus d'un million de cartouches d'infanterie; il faudra donc en ôter encore trois millions et faire faire ce mouvement par le cabotage. Il faut qu'il y ait 500,000 cartouches à la Brille, 250,000 à Govenne, 500,000 à Naarden, 500,000 au fort Lasalle, 100,000 au Texel, 250,000 à Venloo, 1,000,000 à Anvers, deux millions à Flessingue, 50,000 à Lillo, 50,000 à Liftkensic, 500,000 à Cadzan, 50,000 à Batz, point à Breda, 200,000 à Villemstadt, point à Gertrundemberg, 100,000 à Zierickzée, 250,000 à Tervère. Il est nécessaire qu'il y ait au moins six millions de cartouches d'infanterie à Mayence et trois millions à Ve-, rel; à fur et à mesure qu'il y aura des consommations, il faudra faire les remplacements de suite, afin que ces deux dépôts soient toujours au complet.

Sur ce, je prie Dieu qu'il vous ait en sa sainte garde.

NAPOLÉON.

———

Instructions du 20 mars.

M. d'Hautpoul doit se rendre à Metz pour prendre connaissance de la situation en hommes, chevaux, effets d'habillement, de harnachement des régiments de cavalerie qui sont dans la 3ᵉ division militaire; il doit faire connaître le nombre d'hommes que ces régiments ont à la Grande-Armée, le nombre des chevaux fournis sur l'achat des 15,000, le nombre des chevaux provenant des dons volontaires. De Metz, M. d'Hautpoul se rendra à Commercy, Nancy et Mayence; il fera le même travail qu'à Metz, il rendra compte des convois d'artillerie et d'ambulance qui passeront à Mayence, et des transports qui ont eu lieu de cette place sur Magdebourg.

———

Instructions du 22 mars.

M. Athalin se rendra à Vesel, où il restera vingt-quatre heures. Il fera connaître la situation des bataillons qui s'y forment pour la division de Hambourg, l'état de la place, son armement, les magasins de réserve et la situation des régiments de cavalerie dans la cinquième division militaire. Il se rendra ensuite à Munster, et verra les travaux qu'on pourrait faire à cette place : de là, il ira visiter les dépôts de cavalerie à Hanovre; après cela, s'il n'y a rien de pressant, il parcourra les rives du Vesel et reconnaîtra surtout le cours de l'Elbe, vis-à-vis Haselberg.

———

Le 6 avril 1818.

Monsieur de Laplace,

Vous devez aller à Meiningen voir ce qui se passe, vous ferez connaître la situation de l'artillerie de la division du général Souham, l'état des troupes de cette division. Si vous croyez pouvoir aller en sûreté à Erfurth, vous irez visiter cette place, me rendrez compte des fortifications, armement, artillerie, magasins, etc. D'Erfurth, vous vous rendrez par Gotha à Mayence, où vous devez être rendu du 15 au 20. Vous écrirez tous les jours et rendrez compte de tout ce qui pourra intéresser l'Empereur. Dans vos rapports, faites connaître l'esprit public qui règne dans les pays que vous parcourrez ; enfin, tout ce qui peut intéresser l'Empereur.

———

Paris, ce 6 avril 1813.

A **Monsieur de Lamezan,** *officier d'ordonnance*
de l'Empereur.

Vous devez partir sur-le-champ pour Ostende, vous resterez deux jours dans cette place, visiterez les fortifications, les magasins, les approvisionnements, vous verrez l'armement, les troupes de la garnison, et adresserez un rapport détaillé sur ces divers sujets. D'Ostende, vous vous rendrez à Breskens, vous visiterez les forts Napoléon et Impérial ; de là, vous irez à Flessingue, Twee et Ramskens, vous prendrez connaissance de tout ce qui concerne ces forts, artillerie, fortifications, garnison. Vous visiterez l'escadre qui est au bas de l'Escaut, vous irez à Wilhemstadt, verrez les travaux de l'île de Gorée, et vous vous rendrez à Rotterdam, d'où vous écrirez. Vous irez au Helder, au Texel, visiterez les forts qui sont sur ces points, ferez connaître leur situation, artillerie, garnison, magasin, etc. Vous verrez l'escadre, ensuite vous visiterez les places de Naarden, Gorcum, Deventer, prendrez connaissance des garnisons qui s'y trouvent ; de là, vous vous rendrez à Vesel, vous verrez en grand détail les fortifications, l'armement, les troupes, les magasins, etc. Vous rendrez un compte exact de tout. Il faut que vous fassiez votre possible pour être à Vesel du 15 au 20 de ce mois, vous recevrez devant cette place de nouveaux ordres.

Vous aurez soin, dans tous vos rapports, de rendre compte de l'esprit public qui règne dans les divers lieux que vous visiterez. L'Empereur veut que vous écriviez tous les jours et rendiez compte de tout ce qui peut intéresser Sa Majesté.

Sans date.
(Trianon, le 12 mars 1813.)

Monsieur le duc de Feltre, *mon ministre de la guerre.*

Le premier corps de la Grande-Armée est composé de la première division de la Grande-Armée et de la division qui doit se former à Vesel avec les quatrièmes bataillons. Cette division sera la deuxième de la Grande-Armée. Il est possible que dans le courant de mai on envoie à ce corps les troisièmes bataillons au lieu de les envoyer aux demi-brigades provisoires.

Il est bien entendu que lorsque les divisions se réuniront, chaque bataillon rejoindra son régiment, et alors chaque division se trouvera composée de quatre à cinq régiments.

Dans les derniers états d'artillerie arrêtés, il a été décidé que les premières divisions du premier corps auraient chacune deux batteries organisées à Magdebourg et que les deuxièmes divisions de corps devant s'organiser à Vesel auraient leurs deux batteries fournies par l'intérieur.

Il sera nécessaire de joindre à ce corps une batterie de réserve dans le courant de mai, ce qui ferait en tout quarante bouches à feu. L'intention de l'Empereur est que cette artillerie s'organise à Vesel, il faut nommer pour ce corps un général d'artillerie et un colonel directeur du parc. Ces deux officiers surveilleront et dirigeront à Vesel ces organisations de batteries.

Ce que l'on vient de dire pour le 1er corps s'applique également au 2e dont la première division, ou troisième division de la Grande-Armée, s'organise à Magdebourg, et dont la deuxième division, ou quatrième de la Grande-Armée, s'organise à Vesel. Les trois bataillons donneront la facilité d'avoir une nouvelle division, il faudra donc, pour cette nouvelle division, deux batteries à pied et une batterie de réserve.

Dans la pénurie où on est de généraux d'artillerie, on en chargera un général d'artillerie du premier corps de l'organisation des batteries des deux corps. Il faut, pour ce deuxième corps, nommer seulement un directeur du parc, qui se rende à Vesel.

———

Sans date.
(20 mars 1813.)

NAPOLÉON, etc.,

Avons décrété et décrétons ce qui suit :

Art. 1er.

Le ministre de la marine fera, avant le 25 de ce mois, la remise au ministre de la guerre des 242,000 kilogr. de poudre qui se trouvent disponibles tant à Amsterdam qu'à Rotterdam.

Art. 2.

Le ministre de la guerre fera embarquer et expédier par le Rhin ces poudres pour Vesel.

Art. 3.

Toutes les poudres existantes, tant à Amsterdam qu'à Rotterdam, chez des marchands, dans une proportion supérieure à celle des besoins ordinaires, seront achetées par le ministre de la guerre.

Art. 4.

Les épreuves de ces poudres seront faites avant le 1er avril et toutes celles qui seront reconnues être de bon service serviront à compléter les approvisionnements des places et forts Lassalle, Texel, Duquesne, Naarden, Muyden, les poudres excédantes seront envoyées dans les places de Grave, Venloe, Maëstricht.

Art. 5.

Le directeur d'artillerie en Hollande sera chargé de veiller à ce qu'au 15 avril il n'y ait plus dans sa direction d'autres poudres que celles renfermées dans les places de guerre et nécessaires à leur défense.

Nos ministres de la guerre et de la marine sont chargés, chacun en ce qui le concerne, de l'exécution du présent décret.

———

Sans date n° 2.
(25 mars 1813.)

Monsieur le Comte Mollien,

Je viens de rendre un décret[1] qui détermine le nombre de chevaux de trait que doivent fournir les départements des 1re, 2e, 3e, 4e, 5e, 6e, 14e, 12e, 15e, 16e, 17e, 18e, 19e, 20e, 24e, 25e, 26e, 31e divisions militaires pour les attelages de l'artillerie et des équipages militaires. Le nombre total est de 12,600, dont 8,000 pour l'artillerie et 4,600 pour les équipages militaires. J'ai fixé le prix de chacun de ces chevaux à 400 fr., ils doivent tous être payés comptant, mais mon intention est que vous fassiez 12,600 bons payables au 30 mai, à la caisse du payeur de chacune des divisions militaires, ou à la trésorerie, par ce moyen le Trésor n'aura plus

———

[1]. Ce décret est daté des Tuileries le 25 mars 1813.

d'inquiétudes, le paiement sera soldé et on aura soixante jours de profit. Je vous prie de faire connaître aux ministres de la guerre et de l'administration de la guerre mes intentions à ce sujet. Vous enverrez ces bons dans les caisses des payeurs, ou préposés des départements, conformément à l'état de répartition des chevaux.

Paris, 26 mars 1813.

Monsieur le Baron Gourgaud,

Faites-moi connaître ce que c'est que cinquante-huit voitures d'artillerie restant à expédier pour le corps de l'Elbe, attelées de 258 chevaux, avec 140 hommes du train et escortées par trente canonniers, qui sont partis de Mayence pour Magdebourg, le 22. Cela fait-il partie de ce que je voulais qu'on envoyât au général Lauriston ?

Sur ce, etc.

NAPOLÉON.

Sans date, ni nom de destinataire, mais adressée sans doute au ministre de la guerre, au mois de mars ou d'avril 1813.

J'ai ordonné en Italie une réunion d'un corps d'armée, sous la dénomination de corps d'observation de Vérone. Ce corps sera composé de trois divisions françaises et d'une division italienne. Les divisions françaises devront avoir six batteries de division, deux batteries de réserve à pied et deux batteries de réserve à cheval; total : dix batteries ou soixante-seize bouches à feu. Ce matériel, avec simple approvisionnement, se compose de 320 voitures, et exige 1,500 chevaux, ou six compagnies du train. C'est pourquoi je désire avoir en Italie, vers les premiers jours de juin, six compagnies du train complètes, hommes et chevaux, et cela, vers les premiers jours de juin. Si j'avais des inquiétudes sur l'Italie, ce corps d'observation serait chargé de sa défense ; il doit donc avoir son artillerie. Si, au contraire, ce qui est plus probable, je fais venir ce corps en Allemagne, il pourra amener son artillerie tirée des arsenaux de Turin, Alexandrie et Pavie ; mais les chevaux sont chers en Italie, c'est pourquoi il faut passer sur-le-champ en Suisse des marchés pour mille chevaux, qui seront déduits sur les deux mille cinq cents du général Bourcier. Je n'en demande que quinze cents à Francfort ; par ce moyen, l'armée d'Italie aurait en mai ses chevaux ; il faut donc qu'ils soient rendus à Milan, Alexandrie et Vérone. Quant au corps d'observation de Mayence, les batteries avec simple approvisionnement paraîtront aussi suffisantes, mais l'objet principal est d'avoir promptement ce qui est nécessaire pour l'Italie.

Sur ce, etc.

NAPOLÉON.

Sans date.

Monsieur le Duc de Feltre,

Donnez l'ordre que les deux cent cinquante chevaux qui sont à Douai se rendent le plus tôt possible à Mayence. Si les soldats sont habillés, tant mieux, s'ils ne le sont pas, ordonnez que leur habillement soit envoyé pour leur arrivée à Mayence, ou bien faites-les habiller dans cette place.

Au palais de Saint-Cloud, le 8 avril 1813.

Monsieur le Baron de Lauriston,

Vous devez vous rendre sur-le-champ à Stuttgard, pour remettre au Roi de Wurtemberg celle des deux lettres ci-jointes qui est adressée à ce souverain [1]. De là, vous partirez pour Ratisbonne et remettrez au Roi de Saxe l'autre lettre qui lui est destinée [2]. Vous vous rendrez ensuite auprès du général Bertrand, soit à Augsbourg, ou à Nuremberg, à Bamberg, etc., vous prendrez une connaissance exacte des troupes sous ses ordres, artillerie, cavalerie, infanterie. Vous vous informerez si ce général a passé des marchés pour des chevaux d'artillerie nécessaires à son parc, et quelles sont ses ressources en ce genre. De là, vous reviendrez à Mayence, où vous attendrez l'Empereur, s'il n'y était pas encore arrivé. Vous rendrez compte de l'esprit qui règne dans les lieux que vous parcourrez, et informerez de tout ce qui peut intéresser. Vous écrirez tous les jours. Vous écrirez de Stuttgard pour faire connaître les troupes de cavalerie wurtembergeoise qui seront rendues le 20 à Wurtzbourg, celles de Saxe, qui seront rendues dans cette dernière place à la même époque.

Vous annoncerez partout le départ très prochain de l'Empereur.

Sans date.

Monsieur le Comte Mollien,

Vous avez dû faire en Italie et en Allemagne, pour les achats de chevaux du général Bertrand, un fonds d'un million, savoir : 500,000 fr. pour les chevaux d'Illyrie, et 500,000 fr. pour les mille chevaux achetés à Augsbourg. Sur cette somme, j'ai mis en distribution, en janvier 300,000 fr., en février 200,000, en mars 100,000 ; total 600,000. De ces 600,000 fr., 250,000 ont dû être payés en Italie, et 350,000 à Augsbourg. Il reste donc encore à payer 400,000, savoir : 150,000 à Augsbourg et 250,000 en Italie. Envoyez de suite, et par urgence, les 150,000 fr. nécessaires pour compléter à 500,000 fr. les payemens à faire à Augsbourg. Levez toutes les difficultés à cet égard, et faites en sorte que ces paye-

---

1. N° 19,830 de la *Correspondance.*
2. N° 19,831.

mens soient acquittés sans délai. Les moindres retards pourraient être funestes. Vous comprendrez 150,000 fr. dans la distribution d'avril, chapitre de l'artillerie, achats de chevaux. Quant aux 250,000 qui restent à payer en Italie pour compléter les payemens à 500,000 fr., s'il y a quelque intérêt pour le Trésor à retarder les payemens, vous ferez des bons payables en mai, à Milan, et vous régulariserez ces payemens dans la distribution d'avril. Vous informerez le ministre de la guerre de ces dispositions.

Sur ce, je prie Dieu, etc.

NAPOLÉON.

———

Mayence, le 20 avril 1813.

Au Major Général,

Monsieur mon Cousin,

J'attends deux compagnies d'artillerie à cheval venant de Metz ; elles sont destinées, l'une pour être attachée à la première division de marche du premier corps de cavalerie, à Hanau ; l'autre, à la deuxième division de marche du deuxième corps, également à Hanau. La sixième compagnie du sixième bataillon *bis*, partie de Metz le 17, arrivera ici le 25 ; ainsi le 26, au moins une batterie pourra se mettre en marche. Le 20 avril, la 7ᵉ compagnie du sixième bataillon partira de Metz pour Mayence. Ces deux compagnies pourront atteler les deux batteries à cheval et une des deux batteries de réserve qui restent à envoyer aux troisième et sixième corps, pour porter leur artillerie au complet.

Sur ce, je prie Dieu qu'il vous ait en sa sainte garde.

N.

———

Mayence, le 20 avril 1813.

AU MAJOR GÉNÉRAL.

Monsieur mon Cousin,

Envoyez de suite un officier d'état-major en poste, à Coblentz, porter l'ordre de faire partir demain, pour Mayence, cinq cents des meilleurs chevaux des équipages militaires; ces chevaux partiront sans harnais. Donnez ordre au général d'artillerie Pernetty de faire partir demain de Mayence deux compagnies complettes des 3e et 9e bataillons *bis* du train d'artillerie. Ces deux bataillons attendront à une journée de marche de Mayence, sur la route de Coblentz, les cinq cents chevaux devant venir de Coblentz; un procès-verbal sera dressé par un officier d'artillerie et un commissaire des guerres de la remise de ces cinq cents chevaux au train d'artillerie, à leur arrivée à Mayence. Ces chevaux seront employés sur-le-champ aux attelages de deux batteries d'artillerie à cheval et d'une batterie de réserve. Si après avoir bien attelé ces batteries il restait quelques chevaux disponibles, on les attellerait sur quelques caissons que l'on joindrait aux batteries. Les deux batteries à cheval seront servies par les deux compagnies d'artillerie à cheval qui sont à Mayence; une de ces batteries est pour l'artillerie du prince de la Moskowa, l'autre et la batterie de réserve sont pour le corps du duc de Raguse. Cette dernière trouvera, à son corps, le personnel nécessaire. Ces trois batteries se mettront en marche sur Eisenach. Ordonnez au duc de Valmy de les faire escorter par tout ce qu'il aura de détachements destinés pour le troisième et sixième corps, et même par les hommes isolés qui doivent rejoindre ces corps. Il restera, pour compléter l'artillerie des troisième et sixième, à envoyer à chacun d'eux une batterie de réserve, ce qui exigera cinq cents chevaux, que l'on prendra dans le troisième bataillon *bis*, qui doit recevoir trois cents chevaux, d'ici au 26. Il faut faire en sorte que ces deux batteries de réserve partent aussitôt qu'il sera possible, afin de compléter l'artillerie du 6e et 3e corps.

Sur ce, je prie Dieu qu'il vous ait en sa sainte garde.

NAPOLÉON.

20 avril 1813.

Monsieur de Béranger,

Vous devez partir pour vous rendre auprès du Prince de la Moskowa, à Erfurth, pour apprendre ce qu'il y a de nouveau. Vous irez jusqu'aux avant-postes ; s'ils sont à Veimar, vous irez jusque-là, ensuite vous reviendrez sur Erfurth. Vous aurez attention de tout voir par vous-même, afin de pouvoir rendre un compte très détaillé à Sa Majesté lors de son arrivée. Vous attendrez à Erfurth l'Empereur, et, s'il y avait quelque alerte et si l'on tirait quelques coups de fusil, vous vous y trouveriez, afin d'informer l'Empereur de tout ce que vous auriez vu ou entendu.

Dresde, ce 21 avril.

Monsieur le Baron de Laplace,

Vous devez vous rendre sur-le-champ à Strasbourg, et vous ferez partir de suite de cette ville pour Mayence :

1° Deux compagnies d'artillerie à cheval du 3° régiment, bien complètes, montées et habillées ;

2° Une compagnie complète du 1er bataillon du train de 250 chevaux. Cette compagnie viendra haut le pied à Mayence ; si elle devait recevoir à Strasbourg du matériel, il faudra le faire embarquer.

Le 8° bataillon a dû faire partir 59 hommes et 110 chevaux, vous ferez partir ce qui manquera pour compléter cette compagnie en hommes et 250 chevaux ;

3° Tous les pontonniers du 1er bataillon qui sont habillés et en état de partir. Ils devront venir à Mayence par le Rhin.

Vous accélérerez les confections d'habillement, d'équipement, harnachemens, les livraisons de chevaux, etc., vous lèverez toutes les difficultés afin qu'il n'y ait pas de retard ; vous activerez également l'habillement des cinq cents conscrits réfractaires, vous verrez les 15e et 18e bataillons des équipages et presserez leur départ, compagnie par compagnie. Vous ferez connaître le nombre des chevaux reçus, soit des marchés, soit des réquisitions, ceux restant à recevoir, etc.

Vous ferez connaître tout ce qui existe en munitions confectionnées, et ce qui doit en être employé pour le chargement des caissons en double approvisionnement; combien Strasbourg doit-il fournir de caissons et combien en a-t-il fourni?

—————

Le 4 juin 1813.

Monsieur le Duc de Feltre,

Vous trouverez ci-joint l'état A qui indique la nouvelle organisation de l'artillerie de l'armée; j'ai mis en rouge le nombre des batteries étrangères attachées aux divers corps d'armée; je les ai indiquées pour mémoire seulement, puisqu'elles sont fournies entièrement organisées, personnel, matériel et train. J'ai compris le corps d'observation de Mayence mais je n'ai pas compris celui de l'Italie qui s'organise à part. Il résulte que le nombre des batteries françaises et de division doit être de 58, celui des batteries de réserve de 18 et celui des batteries à cheval de 30. En ce moment, l'existant en artillerie française dans les divers corps d'armée est de 41 batteries de division, 8 de réserve et 13 à cheval. Il manque donc 17 batteries de division, 10 de réserve et 17 à cheval. Je désire que cette artillerie soit complétée promptement. Vous ferez fournir de Vesel ce qui manque au premier corps : deux batteries de réserve et deux batteries à cheval. Le deuxième corps devra également recevoir de cette place 4 batteries de division, 2 de réserve et 2 à cheval; le troisième corps est complet. Le corps d'observation d'Italie ayant formé le troisième et douzième corps, il a manqué à chacun de ces corps une batterie de réserve; Mayence fournira celle qui manque au quatrième. Le cinquième corps est complet. La division Teste, qui fait partie du sixième corps, est à

Magdebourg, cette place lui fournira ce qui lui manque. Le septième corps a besoin d'une batterie, elle lui sera fournie par Dresde, en réorganisant une de celles dispersées à Zwickau.

Le huitième corps, ou corps polonais, a déjà 20 bouches à feu, il a tout le personnel et tout le train pour son artillerie, il lui manque pourtant encore le matériel pour trois batteries, mais on le lui fournira avec le matériel restant après l'organisation des batteries des autres corps. Le onzième corps doit recevoir de Magdebourg une batterie de réserve, une de division et une à cheval, ce qui le complétera. Le douzième corps recevra également de cette place une batterie de réserve, une de division, une à cheval et, en outre, Magdebourg fournira deux batteries à cheval au premier corps de cavalerie et une au deuxième, ce qui portera ces corps à leur complet. Les quatre batteries nécessaires au troisième corps de cavalerie seront fournies par Mayence, ainsi que les deux batteries nécessaires au quatrième, mais ce corps n'étant disponible qu'en juillet, il faut auparavant compléter les autres. Le corps de Mayence recevra ses batteries à Mayence.

Récapitulation. Magdebourg fournira trois batteries de réserve, quatre de division et cinq à cheval, ces batteries doivent être prêtes. Vesel fournira quatre batteries de réserve, quatre de division et quatre à cheval, elles doivent être disponibles. Dresde fournira une batterie, elle s'organise. (Voyez état B.) Au moyen de ces dispositions, l'artillerie de l'armée sera enfin complétée.

L'état n° C indique que le nombre des compagnies d'artillerie nécessaires se monte à 98 compagnies à pied, et l'existant dans les divers corps d'armée n'est que de soixante et quinze à pied, de sorte qu'il manque vingt-trois compagnies à pied, mais les douze nécessaires au corps de Mayence sont assurées par les six rentrées d'Espagne, les quatre compagnies du septième, qui sont à Mayence, les 3e et 17e du huitième, qui s'organise à Anvers, et d'une autre part, il y a à Vesel quatre compagnies du troisième, en sorte que le déficit réel n'est que de sept compagnies ; les deux compagnies qui viennent de Thorn, deux de Glogau, une de Magdebourg, réduiront à fort peu le déficit. D'ailleurs, j'ai compté deux compagnies par chaque parc et je laisse au général de l'artillerie la liberté de n'en laisser qu'une et de disposer des autres, s'il était nécessaire. Je veux qu'il y ait quatre compagnies à Hambourg, une à Vesel, une à Mayence, une à Erfurth, deux à Magdebourg, une à Wittemberg et deux à Glogau. Total, douze compagnies dans les places. Des quinze compagnies qui sont en Italie, il en faut une à Palmanova, deux à Venise, une à Ancône, une à Alexandrie, une à Turin, deux dans les autres places; les autres seront pour le corps de l'Italie.

Quant à l'artillerie à cheval, il y en a dix-huit à l'armée, une qui se réorganise à Dresde (la 5ᵉ du 3ᵉ), six à Mayence, et onze recréées dans les dépôts; total 36. Je n'en ai besoin que de trente, il en restera donc trois pour l'Italie et trois pour la France, non comprises deux venant d'Espagne.

Les pièces nécessaires pour l'augmentation du matériel de l'armée ne doivent pas manquer, et quant aux caissons et aux attelages, on pourra prendre parmi ceux du double approvisionnement jusqu'à la concurrence d'un demi-approvisionnement, sauf à continuer la construction des caissons en juillet et août et acheter des chevaux. J'ai pour principe qu'il faut avoir avec les pièces un approvisionnement et demi, et l'autre demi-approvisionnement n'est destiné qu'à réparer les pertes des batteries et à entretenir constamment complet cet approvisionnement et demi en ligne.

NAPOLÉON.

———

Buntzlau, le 7 juin 1813.

L'officier d'ordonnance Pretet partira ce soir, il écrira à l'Empereur, de Dresde. Il se rendra par la route la plus directe sur Hambourg et voyagera jour et nuit. Il remettra au prince d'Eckmühl la lettre ci-jointe[1], dont on lui a donné communication pour ce qui concerne les travaux du génie. Il verra les officiers du génie pour savoir si on exécute les ordres de l'Empereur, il restera cinq à six jours à Hambourg, et jusqu'à ce que l'armistice ait été établi. A son arrivée, il verra la situation des choses, en fera un rapport

———

1. Cette lettre à Davout porte le nº 20,104 dans la *Correspondance*.

à l'Empereur, enverra les états et situations des troupes, division par division, ainsi que les états de l'artillerie et du génie, et tous les renseignements qu'il lui aura été possible de recueillir sur Hambourg, considéré comme place de guerre. Pendant son séjour dans la 32ᵉ division militaire, il ira voir Cuxhaven et Lunebourg. Il ira même jusqu'à Lubeck, si nous y sommes. Au moment de revenir, il prendra les états de situation des troupes et de l'artillerie et les rapportera à l'Empereur.

Par toutes les occasions, il écrira à l'Empereur ce qu'il aura vu.

———

A Dresde, ce 12 juin 1813.

M. de Lauriston partira sur-le-champ pour se rendre à Leipsick. Il verra l'état de la cavalerie du 3ᵉ corps, régiment par régiment, et l'état, joint à son rapport, fera connaître les noms des généraux, colonels et majors commandant les divisions, brigades et régiments. Il verra également le dépôt de cavalerie établi à Leipsick, et fera connaître à quels régiments appartiennent les hommes, officiers et soldats, et les chevaux qui s'y trouvent.

Il s'informera, auprès du commandant du dépôt, pour savoir si ce commandant a reçu de l'argent pour le ferrage, les médicaments, les petites opérations de sellerie.

Il verra s'il y a des artistes vétérinaires, et combien d'hommes peuvent partir de ce dépôt.

M. de Lauriston enverra aussi de Leipsick l'état de l'infanterie et de l'artillerie et celui des blessés qui sont dans cette ville, il visitera les hôpitaux et verra l'état des blessés très en détail.

Il remettra au duc de Padoue la lettre ci-jointe[1].

Après avoir passé à Leipsick les cinquante ou soixante heures nécessaires pour ce travail, il se rendra à Hanovre où il remettra au comte Bourcier la lettre ci-jointe[2]; de là, il ira à Brunswick,

———

1. Je ne la vois pas dans la *Correspondance.*
2. *Idem.*

et ensuite il visitera tous les autres dépôts de cavalerie établis dans cette partie du nord de l'Allemagne, il fera un rapport sur leur situation, en y joignant l'état de tous les hommes et chevaux qui existent aux dépôts de Hanovre, Brunswick, Minden, et en faisant connaître ce qui empêche que ces hommes ne partent pour rejoindre leurs corps.

M. de Lauriston écrira chaque jour et fera connaître ce qui arrive ou ce qui se passe chaque jour au lieu où il se passe.

Dresde, ce 12 juin 1813.

M. de Laplace se rendra à Torgau par la rive droite de l'Elbe, en suivant ce fleuve, et il le décrira avec soin de Dresde à Torgau, en faisant un croquis, où il marquera tous les villages, la situation respective des deux rives, et tous les débouchés. Il fera une attention particulière à celui de Meissen. M. de Laplace s'instruira à Torgau de la situation des fortifications, de la garnison, de l'armement, des magasins, etc., et enverra de cette ville un rapport à l'Empereur, tant sur Torgau que sur la route depuis Dresde jusquelà. Il continuera ensuite le même travail sur l'Elbe jusqu'à Wittemberg, et fera le même rapport sur Wittemberg. Des travaux ont été ordonnés pour mettre cette place dans le meilleur état de défense, la garnison doit être renouvelée et elle doit être approvisionnée pour trois mille hommes pendant un an. M. de Laplace prendra des informations sur les forces que l'ennemi a eues depuis la bataille de Lützen, aux environs de Wittemberg, et sur la position qu'elles occupent actuellement. La ligne de démarcation doit comprendre tous les États de la confédération, par conséquent Dessau et les possessions des autres princes d'Anhalt. Les postes de la garnison de Wittemberg doivent être placés sur cette frontière. A Dessau, M. de Laplace s'informera si les travaux faits par l'ennemi sur l'une ou l'autre rive ont été détruits, et il prendra des renseignements sur les forces que l'ennemi a montrées depuis la bataille de Lützen, et surtout dans ces derniers temps. De Wittemberg et Dessau, M. de Laplace continuera sa route sur Magdebourg, on faisant toujours sa reconnaissance de l'Elbe. A Magdebourg, il se mettra au fait de tout ce qui concerne cette place, sa garnison, ses fortifications, l'armement, les magasins. Il verra tout ce qui pourra en être tiré pour être employé à l'armement de Hambourg. M. de Laplace écrira tous les jours de Magdebourg et y attendra de nouveaux ordres.

Vous m'enverrez la situation de l'artillerie de Wittemberg, ainsi que celle de Magdebourg ; vous me ferez connaître combien il y a, dans cette dernière place, de batteries organisées, combien de chevaux du train, si les soldats du train démontés venant de France sont arrivés, combien l'on pourrait organiser de batteries de campagne. Vous m'écrirez tous les jours de Magdebourg et y attendrez de nouveaux ordres.

———

Dresde, ce 13 juin 1813.

Monsieur le Comte Lemarrois,

Le premier corps doit avoir six batteries d'artillerie de division, deux de réserve et deux à cheval, total 70 bouches à feu. Faites-moi connaître par le retour de l'estafette où le général d'artillerie Jouffroy en est de cette organisation, je désire savoir : 1° le nombre et la composition des batteries qui sont avec les troupes du 1er corps à Hambourg ; 2° les lieux où se trouveront jour par jour les autres divisions, afin que je puisse, s'il était nécessaire, leur adresser des ordres. Le général Jouffroy doit aussi fournir l'artillerie du 2e corps. Ce corps a en ce moment deux batteries avec la 4e division de l'armée. La 5e division se rend de Hambourg à Wittemberg, mais comme je pense qu'elle viendra sans artillerie, il faut que du 20 au 25 de ce mois, elle ait deux batteries à Magdebourg. Si cette division a laissé son artillerie au 1er corps, ce sera autant de moins à fournir à ce dernier corps. Quant à la sixième division, elle devra avoir, à son départ de Wesel, ses deux batteries qui ont dû y être organisées. Il vous restera encore à fournir pour le 2e corps deux batteries à cheval et deux batteries de réserve. Si le général

Jouffroy a organisé à Wesel ces batteries, envoyez-les à Wittemberg ; si elles sont à Mayence, dirigez-les sur Dresde.

Sur ce, je prie Dieu qu'il vous ait en sa sainte garde.

NAPOLÉON.

Dresde, le 15 juin 1813.

Monsieur le Duc de Feltre[1],

Vous trouverez ci-joint un état A, qui indique la nouvelle organisation de l'artillerie de l'armée, j'ai mis en rouge le nombre des
batteries étrangères attachées aux divers corps d'armée, je les
ai indiquées pour mémoire seulement, puisqu'elles sont fournies
entièrement organisées, personnel, matériel et train ; j'ai compris
le corps de Mayence, mais je n'ai pas compris celui de l'Italie qui
s'organise à part. Il résulte que le nombre des batteries françaises
de division doit être de cinquante-huit, celui des batteries de réserve de dix-huit et celui des batteries à cheval de trente. En ce
moment l'existant en artillerie française, dans les divers corps d'armée, est de quarante et une batteries de division, huit de réserve et
de treize à cheval. Il manque donc dix-sept batteries de division, dix
de réserve et dix-sept à cheval. Je désire que cette artillerie soit
complétée promptement. Vous ferez fournir de Wesel ce qui manque
au premier corps : deux batteries de réserve et deux batteries à cheval. Le deuxième corps devra également recevoir de cette place
quatre batteries de division, deux de réserve et deux à cheval. Le
troisième corps a son complet. Le corps d'observation d'Italie ayant
formé les quatrième et douzième corps, il a manqué à chacun de ces
corps une batterie de réserve ; Mayence fournira celle qui manque
au quatrième. Le cinquième corps a son complet. La division Teste,
qui fait partie du sixième corps, est à Magdebourg. Cette place lui
fournira les deux batteries qui lui manquent. Le septième corps a
besoin d'une batterie ; elle lui sera fournie par Dresde en réorganisant une de celles dispersées à Zwickau. Le huitième corps, ou corps

1. Cette lettre est presque absolument identique à celle de la page 25 sur le même
objet. C'est une seconde expédition.

polonais, a déjà vingt bouches à feu, il a tout le personnel nécessaire pour son artillerie, mais il lui manque encore trois batteries. [On les lui fournira après avoir terminé l'organisation des autres corps[1].] Le onzième corps doit recevoir de Magdebourg une batterie de réserve, une de division et une à cheval, ce qui le complétera. Le douzième corps sera également complété par cette place en recevant une batterie de réserve, une de division et une à cheval. Magdebourg fournira encore deux batteries à cheval au premier corps de cavalerie et une au deuxième, ce qui complétera l'artillerie de ces corps. Les quatre batteries à cheval, nécessaires au troisième corps de cavalerie, seront fournies par Mayence, ainsi que les deux nécessaires au quatrième corps de cavalerie. Le corps d'observation de Mayence recevra ses batteries à Mayence. Faisant la récapitulation : Magdebourg fournira trois batteries de réserve, quatre de division et cinq à cheval, ces batteries sont organisées. Mayence fournira trois batteries de réserve, huit de division et huit à cheval ; ces batteries doivent être prêtes. Wesel fournira quatre batteries de réserve, quatre de division et quatre à cheval. Elles doivent être disponibles. Dresde doit fournir une batterie, elle s'organise. Au moyen de ces dispositions, l'artillerie de l'armée sera enfin complétée. (Voyez état B.) L'état C indique que le nombre des compagnies d'artillerie à pied nécessaires se monte à quatre-vingt-dix-huit et l'existant, dans les divers corps d'armée, n'est que de soixante et quinze compagnies à pied, de sorte qu'il manque vingt-trois compagnies à pied, mais les douze nécessaires au corps de Mayence sont assurées par les six cadres rentrés d'Espagne, les quatre compagnies du septième qui sont à Mayence, et les troisième et dix-septième du huitième, qui s'organisent à Anvers. Et comme, d'autre part, il y a à Vesel quatre compagnies du troisième, le déficit réel ne serait que de sept compagnies. Pour le diminuer, on a les deux compagnies de Thorn, deux que l'on tire de Glogau et une de Magdebourg ; d'ailleurs, j'ai compté deux compagnies pour chaque parc et je laisse au général d'artillerie la

---

1. Les parties entre crochets sont biffées dans l'original. Le 15 juin 1813, la *Correspondance* ne donne qu'une lettre de l'Empereur à Clarke (n° 20,125) ; elle est relative à l'approvisionnement de Hambourg.
Mais le 16 juin (n° 20,130), l'Empereur écrivait au prince de Neufchâtel une lettre sur le même objet que celui que nous donnons.

liberté de disposer de quelques-unes de ces compagnies, s'il était nécessaire. Je veux qu'il y ait quatre compagnies à Hambourg, une à Vesel, une à Mayence, une à Erfurth, deux à Magdebourg, une à Wittemberg et deux à Glogau : total, douze compagnies dans les places. Des quinze compagnies qui sont en Italie, il en faut une à Palmanova, deux à Venise, une à Ancône, une à Alexandrie, une à Turin, deux dans les autres places. Les autres compagnies seront pour le corps de l'Italie. Quant à l'artillerie à cheval, il y a dix-huit compagnies à l'armée, une qui se réorganise à Dresde (la cinquième du troisième), six à Mayence et onze recréées dans les dépôts. Total : trente-six compagnies. Je n'en ai besoin que de trente, il en restera trois pour l'Italie et trois pour la France, non compris les deux venant d'Espagne. Les pièces nécessaires pour l'augmentation des équipages d'artillerie de l'armée ne doivent pas manquer, et quant aux caissons et aux attelages, on pourra prendre parmi ceux du double approvisionnement, jusqu'à la concurrence d'un demi-approvisionnement, sauf à continuer la construction des caissons en juillet et août et à acheter des chevaux. J'ai pour principe qu'il faut avoir avec les pièces un approvisionnement et demi. L'autre demi-approvisionnement n'est destiné qu'à réparer les pertes des batailles et à entretenir constamment complet l'approvisionnement et demi en ligne. Vous trouverez ci-joint les états de répartition des compagnies d'artillerie à pied et à cheval, tant françaises qu'étrangères, actuellement dans les corps d'armée et parcs.

Sur ce, je prie Dieu qu'il vous ait en sa sainte garde.

NAPOLÉON.

———

Dresde, le 16 juin 1813.

Monsieur l'Officier d'ordonnance Caraman,

Vous porterez au prince d'Eckmühl la lettre ci-jointe[1]. Vous res-

---

1. Je ne la vois pas à la *Correspondance.*

terez plusieurs jours dans cette ville, vous visiterez les arsenaux, la place, l'armement ainsi que Haarbourg et Lunebourg, et vous rendrez compte à Sa Majesté de l'état de l'armée, de l'artillerie de siège, de l'artillerie de campagne, de l'état des travaux du génie, ce qu'ils font, ce qu'ils seront, à quelle époque Hambourg pourra être prêt, enfin de tout ce qui peut intéresser le service de Sa Majesté. Vous parcourrez la ligne de démarcation de l'armistice et prendrez tous les renseignements sur les ennemis qui sont opposés au prince d'Eckmühl, leur position. Au moment de quitter Hambourg, vous reprendrez de nouvelles situations de l'artillerie, tant des troupes du prince que de celles de la place, et de celles qui auraient été envoyées, l'état de la flottille, etc., l'état des approvisionnements.

———

Au verso de la page précédente, on trouve les deux lettres ci-après, adressées sans doute à Berthier.

(Dresde, 16 juin 1813.)

Mon Cousin,

Il y a dans Magdebourg huit batteries d'artillerie organisées, trois de réserve, trois de divisions, et quatre à cheval. Il faut que vous mettiez à la disposition du général d'artillerie quatre obusiers de 24 qui sont à Wittemberg et une des trois compagnies d'artillerie à pied qui sont à Magdebourg. La facilité d'organiser encore à Magdebourg trois batteries à cheval et une batterie de division, ce qui fera un total de trois batteries de réserve, quatre de division et cinq à cheval. Des quatre batteries de division tenues à Magdebourg, deux seront réservées pour la 5e division, qui vient de Hambourg sans artillerie ; on suppose qu'elle arrivera du 20 au 25. Les autres batteries seront données, une au 11e corps et une à la division Teste.

———

Mon Cousin,

Vous mettrez à la disposition du général de l'artillerie quatre obusiers de 24 qui sont à Magdebourg, ainsi que l'une des trois compagnies d'artillerie qui sont destinées au service de la place de Magdebourg, mon intention étant de n'en laisser que deux dans cette place. Au moyen de ces dispositions, le général d'artillerie organisera à Magdebourg trois nouvelles batteries à cheval et une de division, ce qui portera à douze le nombre des batteries disponibles dans cette place, savoir : trois de réserve, quatre de division et cinq à cheval.

Mon Cousin,

J'ai décidé que les trois batteries de réserve, les trois de division et les deux à cheval, qui sont en ce moment disponibles à Magdebourg, seraient réparties ainsi : une batterie de réserve et une à cheval au onzième corps, une batterie de réserve et une de division et une à cheval au douzième ; une batterie de réserve au sixième corps et deux batteries de division à la division Teste qui est à Magdebourg. Comme, après avoir fourni ces batteries, il resterait encore à Magdebourg vingt-sept pièces de 6 et quatre obusiers de 24, donnez ordre que quatre autres obusiers de 24, qui sont à Wittemberg soient envoyés à Magdebourg, ce qui donnera la facilité d'organiser trois nouvelles batteries à cheval et une batterie à pied. Ces trois dernières batteries à cheval seront servies par les trois compagnies d'artillerie qui restaient au grand parc, et la batterie à pied sera servie par une des trois compagnies qui sont à Magdebourg, pour la défense de la place, mon intention étant de n'y laisser que deux compagnies d'artillerie à pied. Des trois batteries à cheval, deux seront données au premier corps de cavalerie et une au deuxième, et la batterie à pied sera donnée au onzième corps. Il résulte de ces dispositions que les sixième, onzième et douzième corps d'armée et première et deuxième divisions de cavalerie seront complétés en artillerie.

Dresde, ce 18 juin 1813.

Monsieur le Baron Gourgaud,

Faites connaître au général commandant l'artillerie de l'armée les dispositions de mon décret de ce jour, relatif à la formation du *corps d'observation de Buvière* (c'est la nouvelle dénomination que prend le corps d'observation de Mayence). Ce corps doit être composé de six divisions au lieu de quatre, ce qui porte son artillerie à 120 pièces de canon, savoir : deux batteries à cheval, une batterie à cheval et une à pied pour chacune des deux premières divisions, deux batteries à pied pour chacune des quatre autres divisions et deux batteries de réserve.

Total : quatre batteries à cheval ou . . . . 24 pièces.
— dix batteries à pied ou . . . . 80 —
— deux batteries de réserve ou . . . . 16 —

Total . . . . 120 pièces.

Sur ce, je prie Dieu qu'il vous ait en sa sainte garde.

NAPOLÉON.

———

Dresde, le 18 juin 1813.

Monsieur le Baron Gourgaud,

Je vous envoie la correspondance du général Lemarrois : faites-moi un rapport sur ce que doit fournir Wesel, sur ce qui a été fourni, sur ce qui reste à fournir. Il me paraît nécessaire qu'il y ait là un officier appartenant au parc qui soit chargé de faire tous les envois demandés et de rester là jusqu'à ce que tout soit expédié. Voyez à ce sujet le général Sorbier.

Sur ce, je prie Dieu qu'il vous ait en sa sainte garde.

NAPOLÉON.

———

Sans date.
(Dresde, le 21 juin 1813.)

Monsieur le Duc de Valmy,

J'ai ordonné le mouvement de 100,000 kilogrammes de poudre de Vesel sur Hambourg[1], faites-moi connaître si ces poudres sont parties ; si elles ne l'étaient point encore, faites-les partir sur-le-champ afin qu'elles soient arrivées à leur destination avant le 20 juillet. Écrivez au ministre de la guerre pour savoir tout ce qui reste à partir de Mayence et Vesel pour compléter l'organisation de l'établissement de l'armée. Le premier corps devait avoir six batteries de division, je pense qu'il les a. Il devait recevoir de Vesel deux batteries de réserve et deux batteries à cheval ; faites-moi connaître si ces batteries ont été envoyées au sixième corps et si la batterie à pied et celle à cheval, que Vesel devait fournir à la cinquantième division, ont été expédiées. Dans le cas où les deux batteries à cheval du premier corps ne seraient pas encore parties, il faudrait en diriger une sur le corps que commande le général Vandamme à Magdebourg, et une au douzième corps. Les deux batteries pour le deuxième corps sont prêtes, elles partiront avec la sixième division, mais je désire savoir si les autres sont organisées. Il m'importe peu de les faire partir de Mayence ou de Vesel, le point important est qu'elles partent avec personnel et chevaux avant le 1er juillet. Vesel doit envoyer une batterie à cheval au deuxième corps et une au douzième. Ces batteries doivent partir bien organisées, avec le personnel nécessaire. Je désire savoir l'époque de leur départ.

Dresde, ce 21 juin 1813.

Monsieur le général Ligier Belair,

J'envoie à Groningue le capitaine d'artillerie Paillhou, l'un de

----

1. Ordre daté de Dresde, 10 juin 1813.

mes officiers d'ordonnance, pour accélérer par tous les moyens possibles le mouvement du matériel d'artillerie que doit fournir cette place pour l'armement de Hambourg. Comme il est très important que tout ce matériel soit rendu à sa destination avant le 20 juillet, vous vous concerterez avec le préfet, le directeur de l'artillerie et les autorités du pays, afin de prendre toutes les mesures nécessaires pour que ce transport se fasse le plus promptement possible. Vous communiquerez cette lettre au préfet du département, afin que s'il fallait de l'argent pour accélérer ce transport, il en fît avancer par la caisse du receveur général. Cette comptabilité doit être régularisée ensuite.

Sur ce, je prie Dieu qu'il vous ait en sa sainte et digne garde.

Dresde, 21 juin 1813.

Monsieur le duc de Feltre,

Vous avez reçu l'état des batteries qui doivent être fournies par Mayence et Vesel, pour compléter l'artillerie de l'armée, d'après mon organisation du 16 juin. D'après cet état, Mayence devait fournir 19 batteries, dont 8 de division, 3 de réserve et 8 à cheval. Vesel devait fournir 14 batteries, dont 5 de division, 4 de réserve, 5 à cheval. Faites-moi positivement connaître quand toutes ces batteries seront prêtes et pourront partir, soit de Vesel, soit de Mayence. Il paraît que l'on a fait partir de Vesel pour Magdebourg deux batteries de douze, sans être attelées par des chevaux du train, mais conduites seulement par des chevaux de réquisition, ce qui m'empêche de disposer de ces batteries. Les batteries doivent partir de Vesel complètement organisées, personnel et matériel, peu m'importe que ce soit de Vesel ou que ce soit de Mayence, l'essentiel est qu'elles soient rendues sur l'Elbe avant le 20 juillet. Les compagnies d'artillerie à pied qui sont à l'armée sont toutes faibles et un grand nombre d'entre elles ne peuvent pas servir huit bouches à feu, donnez les ordres nécessaires pour qu'il soit dirigé des dépôts des régiments d'artillerie huit à neuf cents canonniers à pied sur Erfurth, où ils recevront de nouveaux ordres. Ces canonniers seront conduits par des officiers du dépôt ou des officiers en résidence à vie.

Sur ce, je prie Dieu qu'il vous ait en sa sainte garde.

NAPOLÉON.

24 juin 1813.

Au prince d'Eckmühl,

Vous avez sept batteries à pied à Hambourg, deux sont pour la première division, deux pour la troisième. Si vous n'avez pas fait partir deux batteries, personnel et matériel, pour la première division, faites-les partir vingt-quatre heures après la réception de la présente. Il vous restera trois obusiers et six pièces de six, cela formera une batterie pour la cinquantième division. Je donne ordre qu'on vous envoie de Vesel deux obusiers à longue portée, ce qui complétera votre batterie de réserve. Ainsi, il vous restera deux batteries pour la troisième division ou seize bouches à feu, une pour la cinquantième division ou huit bouches à feu, une de réserve ou huit bouches à feu; il ne manquera que le personnel et le matériel des deux batteries à cheval ou huit pièces de six et quatre obusiers, dont l'un est destiné pour le premier corps et l'autre pour la cinquantième division. Vesel doit fournir ces deux batteries, et alors vous aurez une batterie à cheval, deux à pied, une de réserve à votre corps ou trente bouches à feu. Une à pied, une à cheval ou quatorze bouches à feu à la cinquantième division, ce qui fera quarante-quatre bouches à feu, ce que vous devez avoir.

Sur ce, etc.

NAPOLÉON.

A la date du 24 juin, la *Correspondance* donne deux autres lettres de l'Empereur à Davout, l'une relative au riz, l'autre aux moulins, n°s 20,180 et 20,181.

24 juin 1818.

Au général Sorbier,

Le général Pernetty me fait connaître, par un rapport du 18, qu'il manque de pièces de six à Mayence ; il lui en faut, non seulement pour le corps d'observation de Mayence, mais encore trente-neuf pour la Garde, et il n'y a maintenant, dans cette place, que vingt-une pièces de six. Il y aurait donc à craindre que ce qui doit être donné à la Garde n'éprouvât des retards, mais vous avez à Wittemberg douze pièces de six ; à Magdebourg, vous aviez dix pièces de six que vous destiniez au général Vandamme. Faites venir ces vingt-deux pièces à Dresde, elles seront pour la Garde et alors le général Pernetty n'aura plus à fournir à la Garde que dix-sept pièces de six, ce qui favoriserait beaucoup ses opérations.

Sur ce, etc.

NAPOLÉON.

24 juin 1815.

Au général Sorbier,

Je vois qu'il y a un déficit de 2,314 hommes sur les quatre-vingt-quatre compagnies d'artillerie à pied de l'armée, et 875 hommes sur celles à cheval. Je donne ordre au ministre de diriger sur l'armée 2,500 canonniers à pied et 800 à cheval, tirés des divers dépôts. Le septième régiment d'artillerie à pied a, présents sous les armes, à son dépôt de Mayence, 1,000 hommes. Ce dépôt peut donc envoyer quatre à cinq cents hommes. Quant au recrutement du train, il faut prendre tous les hommes mutilés à qui il manque un doigt. J'en ai déjà accordé huit cents. Je donne ordre au duc de Valmy et au duc de Castiglione de faire sa visite des hôpitaux et de disposer pour le train d'artillerie de tous les hommes ainsi mutilés. Donnez les ordres nécessaires au général Pernetty pour qu'il les organise et les dirige de suite sur Erfurth.

Sur ce, etc.

NAPOLÉON.

_____

(Dresde, 24 juin 1813.)

Au Ministre de la guerre,

Ordonnez que chaque dépôt des neuf régiments d'artillerie à pied fasse partir pour Dresde une compagnie de marche de deux cents canonniers, pour compléter les compagnies. Vous prendrez les sept cents autres manquant, après cet envoi, dans les dépôts qui en ont le plus. Par exemple, le septième régiment d'artillerie à pied a mille hommes à son dépôt; il n'a besoin, en ce moment, que de cinq cents hommes, il peut donc en envoyer cinq cents. Les compagnies à cheval, à l'armée, ont besoin de quatre cents canonniers, ordonnez que chaque dépôt envoie de suite cinquante hommes. S'ils ne peuvent faire de suite cet envoi, il faut qu'ils fassent partir d'abord vingt-cinq hommes et les autres plus tard.

Sur ce, etc.

NAPOLÉON.

_____

Dresde, le 24 juin 1813.

Monsieur le Baron Gourgaud,

Je vous renvoie une lettre du duc de Valmy. Écrivez au général Pernetty qu'il fasse d'abord compléter tout ce qui doit être fourni à la Grande-Armée. Faites-lui donner le même ordre par le général Sorbier. On aura tout le tems de fournir l'artillerie du corps d'observation de Mayence, qui ne doit être réuni que le 1er juillet, tandis que l'artillerie qui se rend à l'armée, a trente jours de marche à faire.

Sur ce, etc.

NAPOLÉON.

25 juin 1813.
(Dresde.)

Monsieur le Duc de Feltre,

Faites-moi connaître tout ce qui a rapport au double approvisionnement de l'artillerie de l'armée, où en sont aujourd'hui les diverses expéditions qui ont dû en être faites et l'époque à laquelle la totalité de ce double approvisionnement aura rejoint l'armée. L'armée de l'Elbe devait recevoir par Vesel le complet de son double approvisionnement et je n'ai aucune connaissance que jusqu'à ce jour un seul caisson venant de France et faisant partie de cet approvisionnement ait été envoyé pour les corps de cette armée. Je désire que vous fassiez établir dans les vingt-quatre heures qui suivront la réception de la présente un livret faisant connaître tout le personnel et matériel et train de l'artillerie de France et où en est l'organisation détaillée des batteries qui restent à fournir d'après mes dernières décisions, en indiquant les époques où ces batteries, personnel, matériel, seront entièrement disponibles. Faites-moi savoir quelle est la situation des fonderies et des arsenaux, et pourquoi l'on me mande de Mayence que l'on manque de bouches à feu de 12 et de 6 pour le corps de Bavière.

NAPOLÉON.

———

Dresde, 25 juin 1813.

Monsieur le Baron Gourgaud,

Je vous envoie les états que vous aviez remis à mon cabinet. Faites-moi connaître si l'artillerie que le général Gifflengen a passée en revue le 15 mai à Donauwerth, savoir 18 voitures de la 1re batterie d'artillerie à cheval, 24 voitures de la 1re batterie d'artillerie à pied et 23 voitures de la 2e, total 65 voitures appartenant au douzième corps. N'est-ce pas celle qui a été détruite par les partisans ennemis entre Bayreuth et Dresde, et dans ce cas, ce qui a été

perdu et ce qui a été retrouvé. Le même général a trouvé à Augsbourg, du 15 au 20 mai, 186 voitures, qu'il intitule : *parc d'artillerie
appartenant au 4e corps*, et 54 voitures qu'il intitule parc d'artillerie
appartenant au 12e corps. Total, 240 voitures. Quels renseignemens
a-t-on sur ces voitures ? Il fallait, pour les atteler, douze cents chevaux, il en existait 143. On attendait à Augsbourg 455 chevaux,
sur les mille chevaux de remonte, cela fait 598. Ainsi, il en aurait manqué encore 602. Ces 598 chevaux pourraient atteler la
moitié de ces parcs, ou 120 voitures ? Il y avait à ces parcs, la
6e compagnie du 7e bataillon *bis*, et un dépôt du train d'artillerie,
faisant en tout 400 hommes, trois escouades de la 24e compagnie
du 2e régiment d'artillerie à pied, trois de la 25e compagnie du
4e régiment, et une escouade de la 13e compagnie d'ouvriers ; en
tout 140 hommes. Faites-moi connaître les renseignemens arrivés
là-dessus chez le général Sorbier. S'il n'en a pas, voyez à l'état-
major général, et consultez les états de situation de la route depuis
Augsbourg jusqu'à Wurtzbourg et Dresde, pour savoir si ces parcs
sont en marche, et enfin, vous proposerez, si c'est nécessaire, les
mesures convenables pour les utiliser.

Sur ce, je prie, etc.

Dresde, le 28 juin 1813.

L'officier d'ordonnance **Lauriston** partira avec ses chevaux et
fera huit lieues par jour. Il se rendra d'abord à Kœnigstein, passera l'Elbe, et se rendra à Neustadt, puis suivra la frontière de
Bohême et toute la ligne des avant-postes jusqu'à Leignitz ; il notera tout ce qu'il observera sur sa route, et verra la nature des
montagnes qui séparent la Lusace de la Bohême. Il verra la manière dont les Autrichiens se gardent et dont nos postes se gardent
eux-mêmes. Arrivé à Zittau, il y séjournera pour prendre des renseignemens sur la formation de la cavalerie polonaise, commandée
par le comte de Valmy, et verra si, le 20, elle sera en état d'entrer
en campagne. Il enverra ses lettres à Gœrlitz et à Bautzen, à moins
qu'il ne profite des occasions du prince Poniatowski, il s'informera

des communications des habitants avec la Bohême, et de tout ce qui se fait dans ce pays.

Il adressera ses rapports : 1° de Neustadt ; 2° de Zittau ; 3° de Lissa ; 4° de Lœwenberg ; 5° de Goldberg ; 6° de Lignitz ; 7° de Steinau ; 8° de Glogau, où il attendra de nouveaux ordres ; il prendra des renseignemens sur les villes qu'il traversera, et sur les routes qui aboutissent en Bohême, et en général, rendra compte de ce qui peut intéresser Sa Majesté.

———

Dresde, le 28 juin 1813.

L'officier d'ordonnance **Pretet** partira demain matin et se rendra, d'abord, à Bautzen. Il fera la reconnaissance de cette ville et verra si l'on a fait tout ce qui est nécessaire pour la mettre en état de défense. Il en fera un croquis et proposera ce qu'il y aurait à faire pour la mettre à l'abri des Cosaques et des troupes légères.

Il verra aussi le poste de Smiedefeld et si la palissade qu'on a ordonné d'y établir est en bon état.

M. Pretet visitera à Bautzen les magasins et la manutention, ainsi que les hôpitaux ; il verra la situation des troupes, il fera un rapport de tout cela à Sa Majesté avant de quitter Bautzen, il verra si le service des postes est assuré et combien il s'y trouve de chevaux.

De Bautzen, il ira à Gœrlitz, il y fera les mêmes observations, il verra si les redoutes dont l'établissement a été ordonné sont terminées et si on y a établi des blockhaus, et s'il serait nécessaire de faire d'autres ouvrages pour passer la rivière. Il y verra la division Durutte, la division saxonne, la cavalerie saxonne, les magasins, etc. Il visitera les hôpitaux et divisera les malades en trois classes. Les blessés que leurs blessures mettent hors d'état de servir et les blessés légèrement. Il inspectera le dépôt de cavalerie établi à Gœrlitz et en fera un rapport spécial.

Après avoir passé un jour ou deux, et avoir terminé sur ce point, il se rendra à Hambourg, et fera connaître la situation du parc ; de là, il ira à Vetznau voir les troupes qui y sont, et reviendra à

Bautzen. Il y fera la même chose qu'à Gœrlitz, s'assurera si les ouvrages pour couvrir le passage du Bobr sont exécutés et si on a rétabli tous les ponts sur la grande route en sorte qu'on ne soit obligé à aucun détour. Il verra la situation des équipages militaires, de l'artillerie, etc. Il fera connaître la situation des camps, celle des troupes, etc. Enfin, tout ce qu'il jugera pouvoir intéresser l'Empereur. Il restera deux ou trois jours à Buntzlau, et, de là, se rendra à Glogau, en visitant auparavant les camps de la jeune Garde, il restera plusieurs jours à Glogau, il visitera les magasins, s'assurera de ce qui y est arrivé de Breslau, de Dresde, de ce que le pays a fourni, et enfin de ce qui existe. Il verra très en détail la situation des fortifications, de la garnison, du génie, des sapeurs, ouvriers, pontonniers, etc. Enfin de tout ce qui peut intéresser. Quand il aura été trois ou quatre jours à Glogau, et qu'il aura écrit trois ou quatre fois par l'estafette, il reviendra par Freystadt, Grünberg, Sprettau, Spretten et Sagau, Luckau et de là à Dresde. Il écrira tous les jours et enverra ses dépêches par un courrier au point le plus proche de la ligne de l'estafette. Son but est de faire bien connaître la situation des corps, celle de l'artillerie, personnel et matériel, l'instruction, l'armement et l'habillement des soldats. Il remarquera tout ce qui serait embarrassant si dans les quarante-huit heures il fallait évacuer le pays, sans laisser ni voitures, ni hôpitaux.

Le dépôt général des équipages militaires est à Dresde, c'est donc à Dresde qu'il faut envoyer les voitures dételées, les chevaux blessés et les hommes sans chevaux. Il verra les intendants et les bougmestres, pour savoir si l'on a tiré parti de toutes les ressources du pays pour l'armée, en draps, toiles, vivres, etc. Il s'informera de l'heure du passage des estafettes, pour profiter de toutes les occasions, et il s'informera des bruits qui circulent de la santé et de l'esprit des soldats.

La solde d'avril a dû être payée à l'armée, il s'informera si cela est exécuté.

29 juin 1813.

Au Ministre de la guerre,

Monsieur le Duc de Feltre, je reçois votre rapport du 24 juin, je vois que nous commençons à nous entendre sur l'organisation de l'artillerie de l'armée. Voici cependant quelques observations. Sur les huit batteries à cheval, parties de Mayence, quatre ont été envoyées au troisième corps de cavalerie, deux au quatrième et deux au deuxième corps, on comptait déjà à Dresde sur ces deux dernières batteries, lorsque je vous ai envoyé l'état B, ainsi, il ne faut pas les compter en déduction de celles à fournir par la France, il résulte de là qu'en ce moment la France doit encore fournir à la Grande-Armée trois batteries de réserve (une au quatrième corps, une au douzième et une au deuxième) ; deux batteries de division (une à la division Teste, une au douzième corps); cinq batteries à cheval (une au premier corps à Hambourg, une à la cinquantième division, une au corps du général Vandamme à Magdebourg, une au deuxième corps et une au douzième corps) ; toutes ces batteries sont indiquées sur l'état B. Vous avez annoncé dans l'un de vos rapports qu'à l'époque du 20 juin, quatre compagnies du train se dirigeaient sur Mayence. Quatre autres sont en remonte à Francfort, et six autres reçoivent des chevaux dans l'intérieur, ce qui fait quatorze compagnies du train, dont vous pouvez disposer pour les attelages de l'artillerie du corps de Bavière, et des dix batteries qui restent à fournir par la France à la Grande-Armée. Il a déjà été reconnu qu'il y avait assez de compagnies d'artillerie à cheval, en France, pour le service de ces batteries, et quant aux compagnies à pied, vous pouvez disposer de quatorze, savoir : 1° cinq compagnies du septième, réorganisées à Mayence; 2° cinq cadres rentrant d'Espagne et complétés à leurs dépôts ; 3° quatre compagnies du huitième régiment, qui ont été dirigées sur Vesel où la troisième arrivera le 28 juillet. Le prince d'Eckmühl ayant à Hambourg cinq compagnies à pied pour les deux batteries, la troisième division, la batterie de réserve et la batterie de la cinquantième division, il suffira d'envoyer deux compagnies d'artillerie à pied dans la trente-deuxième division, avec celles des régiments de la cinquantième division. Vous pourrez donc disposer, pour le corps de Bavière, de toutes les autres compagnies ; les batteries de division et de réserve, qui vous restent à envoyer à l'armée, partiront attelées par le train, mais sans canonniers à pied, elles recevront à l'armée les compagnies qui leur seront nécessaires. Les batteries à cheval, seulement, doivent partir entièrement organisées, personnel, matériel et train, et vous avez assez de compagnies d'artillerie à cheval pour compléter celles qui s'organisent.

———

Sur la même feuille on lit :

(Dresde, le 30 juin 1813.)

Monsieur le Duc de Feltre,

Je vois qu'après le départ des quatre compagnies du train que vous envoyez dans la 32e division militaire, il restera encore quatre compagnies sans chevaux dans l'intérieur, mais il faut calculer sur les pertes en hommes que l'on fait durant la campagne, je ne parle pas des chevaux, parce qu'on en trouvera toujours assez en Allemagne pour se recompléter. On peut évaluer les pertes causées, soit par le feu de l'ennemi, les maladies, les prisonniers, au quart des soldats et ce quart doit être remplacé par la France. Faites-moi donc connaître combien, après avoir complété les compagnies venant d'Espagne, il restera de soldats du train disponibles dans les dépôts. Si les soldats du train, disponibles dans les dépôts, sont en nombre suffisant pour compléter les compagnies à l'armée, alors vous pourrez faire acheter à Strasbourg et à Francfort des chevaux pour les sept compagnies démontées, qui sont en France. Ces compagnies pourraient atteler trois cent cinquante voitures d'artillerie, et formeraient une réserve très utile, dont on disposerait suivant les circonstances. Vous verrez que j'ai ordonné la formation de deux grands dépôts d'artillerie à Magdebourg et à Dresde. Ces dépôts sont destinés à recevoir les hommes et les chevaux malingres, les conscrits venant de France, etc.

Ordre.

Il sera formé deux dépôts du train d'artillerie, à Dresde et à Magdebourg, commandés chacun par un officier supérieur.

Tous les soldats du train sortant des hôpitaux, ou malingres, seront dirigés sur ces deux dépôts.

Tous les hommes blessés à la main, jugés incapables de servir dans l'infanterie ou la cavalerie, seront donnés au train d'artillerie et des équipages militaires, savoir : trois quarts à l'artillerie, un quart aux équipages ; ils seront sans délai dirigés sur les deux dépôts et incorporés dans les bataillons du train, le commandant leur fera donner des habits du train. Les habits de l'infanterie seront mis en magasin.

Tous les conscrits du train, venant de France, seront dirigés sur les dépôts, pour, de là, être envoyés aux corps d'armée qui en auraient besoin. Les chevaux malingres ou à refaire seront également envoyés dans les deux dépôts.

Le général d'artillerie prendra des mesures pour que le nombre des soldats du train, de chevaux et harnais nécessaires au service de l'artillerie dans les divers corps d'armée soit toujours tenu au complet.

———

Dresde, le 30 juin 1813.

Monsieur le Comte Daru,

Envoyez sur-le-champ et en poste, deux moulins portatifs à Hambourg. Ils sont destinés à servir de modèle à cinquante autres que le prince d'Eckmühl doit faire construire dans cette place.

Sur ce, je prie Dieu qu'il vous ait en sa sainte garde.

Le 1er juillet, n° 20,211, l'Empereur écrivait au comte Daru pour lui prescrire d'éprouver ces moulins avant d'en commander. « Il suffit d'envoyer le modèle à Hambourg. »

———

(Vers le 1er juillet.)

Mon Cousin,

Donnez ordre au général Pernetty de faire partir sur le Rhin pour se rendre à Vesel la 21e compagnie du 9e régiment d'artillerie à pied, ainsi que la 11e du 8e régiment arrivées à Vesel. Ces compagnies seront envoyées à Hambourg et compléteront à quatre le nombre des compagnies d'artillerie destinées à la défense de cette place. Il est de la plus haute importance que cette place soit bien armée et ait quatre compagnies de canonniers pour assurer le service de son artillerie. Sur les trois compagnies du troisième bataillon de pontonniers que j'ai donné ordre d'envoyer à l'armée, faites-en partir une sur-le-champ pour Hambourg. Le général Sorbier a dans son parc plus de (illisible) qu'il n'en faut. Donnez-lui ordre d'en diriger sur Hambourg deux de celles qui sont à Magdebourg, afin qu'elles soient rendues plus tôt à leur destination. Enfin, faites en sorte que le personnel d'artillerie du 13e corps[1] soit complété et qu'en outre, il y ait quatre compagnies d'artillerie pour faire le service de la place de Hambourg. Donnez également ordre au général Sorbier d'envoyer à Hambourg la portion de la 14e compagnie d'ouvriers d'artillerie, qui est à Magdebourg, afin que toute la 14e soit réunie à Hambourg. Vous ferez connaître ce qui manque en matériel à l'artillerie du 13e. Donnez l'ordre au général Pernetty que les 28 bouches à feu, caissons, etc., qui manquent à ce corps lui soient envoyés. Mayence a suffisamment de matériel disponible pour faire cet envoi, mais il n'importe que ce soit de Mayence ou de Vesel ; l'essentiel est que ce matériel manquant soit arrivé à Hambourg avant le 15 août.

---

1. Créé le 1er juillet.

Sans date¹.

Au Ministre de la guerre.

Je reçois votre rapport du 24 juin. Je vois que nous commençons à nous entendre sur l'organisation de l'artillerie. Vous demandez des explications sur les huit batteries à cheval que vous avez fait partir de Mayence. Sur ces huit batteries, quatre ont été envoyées au troisième corps de cavalerie, deux au quatrième et deux au premier. Les batteries qui restent à fournir par la France sont celles-ci [trois de réserve] : une au quatrième corps, une au douzième et une au deuxième ; deux batteries de division, une au douzième corps et une à la division Teste; cinq batteries à cheval, une au premier corps et une à la cinquantième division à Hambourg, une au deuxième corps, une au corps de Vandamme et une au douzième corps. Vous avez annoncé à l'époque du 20 juin quatre compagnies du train se dirigeant sur Mayence, quatre autres étaient en remonte à Francfort, et six autres recevaient des chevaux dans l'intérieur. Ce qui fait un total de quatorze compagnies du train, dont vous pouvez disposer pour atteler les [   ] (*sic*) batteries du corps de Bavière et celles qui restent à fournir par la France à la Grande-Armée. D'après la récapitulation que je vous ai faite des compagnies à cheval, vous en avez assez pour le service des [   ] (*sic*) batteries, et quant à l'artillerie à pied, voici quelles sont les compagnies dont vous pouvez disposer : 1° Cinq compagnies du septième, réorganisées à Mayence ; 2° cinq cadres revenus d'Espagne et complétés à leur dépôt ; 3° quatre compagnies du 8ᵉ, qui ont été dirigées sur Vesel, où la dernière arrivera le 23 juillet. Total quatorze compagnies dont vous pouvez disposer, tant pour le corps de Bavière que pour en envoyer deux dans la 32ᵉ division. Les deux batteries de division du 1ᵉʳ corps, celles de la réserve et de la 50ᵉ division ayant à Hambourg cinq compagnies à pied n'ont plus

---

1. Minute d'une lettre expédiée de Dresde le 29 juin et remise le 5 juillet au Bureau de l'artillerie (6ᵉ division du ministère). Elle diffère très peu de la lettre insérée précédemment sous la date du 29 juin.

besoin de recevoir de personnel à pied. Les batteries qui doivent être fournies à la France par la Grande-Armée devront être envoyées, savoir, celles à cheval, entièrement organisées, personnel, matériel et train, et celles à pied, matériel et train, seulement. (Le reste de la page en blanc.)

———

Dresde, le 1er juillet 1813.

Monsieur le Duc de Feltre[1],

Vous verrez que j'ai créé un nouveau corps d'armée sous la dénomination de treizième corps, il est composé des troisième, quarantième et cinquantième divisions et doit avoir cinq batteries de division, deux de réserve, et deux batteries à cheval, dont une pour la cinquantième division. Ce corps, commandé par le prince d'Eckmühl a deux batteries à pied, avec la troisième division et une avec la cinquantième, en outre, j'ai donné l'ordre que l'on envoyât de Groningue ou de Vesel une batterie de réserve que le général Jouffroy fera atteler; ainsi, il reste à envoyer à ce corps deux batteries de division, une batterie de réserve et deux à cheval. Vous me mandez que vous dirigez de Vesel sur Hambourg, pour le premier corps, deux batteries à cheval, elles doivent continuer leur route, mais au lieu d'être pour le premier corps, elles seront pour le treizième. Le premier corps est à Magdebourg sous les ordres du général Vandamme, il est composé des première, deuxième et vingt-troisième divisions, les deux premières ont amené leurs quatre batteries avec elles; la vingt-troisième division, ou division Teste, a déjà reçu une batterie et elle en attend une autre de France. Il a deux batteries de réserve, et je lui ai fait donner une des batteries à cheval organisées à Magdebourg. Donnez ordre à la batterie à cheval que vous vouliez faire partir de

---

1. Comparer cette lettre à celle que l'Empereur écrivait de Dresde à Davout le 1er juillet et qui porte le n° 20,206 de la *Correspondance*. Ce rapprochement est intéressant.

Mayence pour la cinquantième division, à Hambourg, de se rendre au premier corps, à Wittemberg, ce qui complettera les deux batteries à cheval de ce corps ; la deuxième batterie que devait fournir le premier corps remplacera celle que Magdebourg a déjà fournie. Vous voyez que la formation du treizième corps augmentera l'artillerie de l'armée de deux batteries de division, deux batteries de réserve et d'une à cheval. Total, trente-huit bouches à feu. J'approuve que les deuxième et septième compagnies du troisième régiment d'artillerie à cheval restent à Strasbourg, où elles s'exerceront aux manœuvres, et au tir du canon au polygone, ce sera deux compagnies dont on pourra disposer selon les circonstances.

Sur ce, je prie Dieu, etc.

Le 4 juillet 1813.

Au général Sorbier.

Le corps de Bavière, composé de six divisions à dix-huit mille hommes réunis à Wertzbourg n'a pas une seule batterie, donnez les ordres nécessaires à Mayence pour qu'il soit fourni d'abord deux batteries à pied à ce corps, l'une à la quarante-deuxième et l'autre à la quarante-troisième division, ensuite une des deux batteries à cheval de réserve. Après avoir fourni ces trois batteries, vous en ferez fournir une à pied, pour chacune des quarante-quatrième, quarante-cinquième, cinquante et unième, et cinquante-deuxième divisions, ce qui fera six batteries à pied et une à cheval. Le complet des batteries du corps devra être formé. . . . la deuxième à cheval de réserve, et la première à pied de réserve, ... aussitôt qu'elles seront disponibles. . . . . ce qui portera la composition de l'artillerie de ce corps à douze batteries de division, dont deux à cheval, deux à pied, de réserve, deux à cheval, de réserve, au total, seize batteries, dont quatre à cheval.

Dresde, ce 4 juillet 1813.

Monsieur le Comte Sorbier,

Le général Lemarrois, ayant appris que le prince d'Eckmühl avait arrêté à Osnabrück la batterie de réserve de douze qui se rendait à Magdebourg pour le corps du général Vandamme, a fait revenir dans cette dernière place, pour remettre au premier corps, une des deux batteries de réserve destinées au onzième corps et qui était en route pour ce corps. J'approuve cette disposition, il en résultera que le général Vandamme, qui a déjà une batterie de réserve, en aura deux, et le prince d'Eckmühl une. Je pense qu'il y a encore assez de pièces de douze dans Magdebourg pour pouvoir organiser une nouvelle batterie de réserve, qui serait donnée au onzième corps, mais, au pis aller, le onzième corps n'aurait qu'une batterie de réserve et cela serait d'autant plus tolérable qu'il vient de recevoir douze bouches à feu avec les bataillons westphaliens qui étaient au sixième corps.

Sur ce, je prie Dieu qu'il vous ait en sa sainte garde.

NAPOLÉON.

Dresde, le 4 juillet 1813.

Au général Pernety.

Sa Majesté me charge de vous mander, Général, que vous devez fournir deux batteries de division à pied, et une à cheval, pour les quarante-deuxième et quarante-troisième divisions, qui sont à Wurtzbourg et dont le général Bonnet va prendre le commandement.

L'Empereur a été étonné d'apprendre que le corps de Bavière avait 18,000 hommes réunis à Wurtzbourg, sans qu'il y eût une seule batterie.

Les autres batteries devront être fournies au fur et à mesure qu'elles seront disponibles dans l'ordre suivant :

Quatre batteries de division pour les 44°, 45°, 51°, 52° divisions.

Les deux batteries de réserve à cheval et la première de réserve à pied.

Les six autres batteries de division, dont deux à cheval et une à pied et la deuxième à pied de réserve.

———

Dresde, ce 5 juillet 1813.

Monsieur Lamezan,

Vous devez vous rendre sur-le-champ à Werben (place que l'on construit pour commander le débouché de la Havel dans l'Elbe), où vous resterez pour activer par tous les moyens possibles les travaux qui se font sur ce point, et lever toutes les difficultés qui pourraient les ralentir. Vous verrez si cette place peut déjà recevoir du canon ou à quelle époque elle sera susceptible d'en recevoir. Vous rendrez compte du nombre de travailleurs, enverrez des croquis de l'état des ouvrages, vous informerez le général Lemarrois à Magdebourg de tout ce qui se fait à Werben, de ce qui pourrait s'y faire, des difficultés qui se présentent; enfin, vous le préviendrez de toutes les mesures que l'on pourrait prendre pour accélérer et satisfaire l'Empereur.

Vous écrirez tous les jours et rendrez compte de tout, du nombre des travailleurs, de l'état des ouvrages, de ce qui se fait bien, de ce qui se fait mal, etc. L'Empereur veut savoir chaque jour ce qui se fait sur ce point important et si les travaux sont bien dirigés.

Werben est situé entre Magdebourg et Hambourg un peu plus bas que Havelberg et vis-à-vis la Havel. Si la place que l'on construit était plus bas, vous iriez à l'endroit où elle doit exister.

———

6 juillet 1813.

Au général Sorbier.

D'après les derniers états de situation, il restait à fournir par Magdebourg cinq batteries, dont deux de réserve et trois à cheval, ce qui fait trente-quatre bouches à feu, avec les affûts et caissons nécessaires. Tout ce matériel est prêt, mais, en outre, il existe à Magdebourg, huit pièces de 12, dix pièces de 6, et huit obusiers de 6 pouces 4 lignes. A Wittemberg, dix pièces de 12, et six pièces de 6. A Erfurt deux pièces de 6. Enfin, en route de Mayence, deux pièces de 6 et quatre obusiers de 24 [dont deux sont de la batterie de réserve du général Vandamme et y seront remplacées par deux obusiers à grande portée [1]].

Avec ces batteries, vous pouvez fournir, 1° au premier corps la batterie de la division Teste, qui devait être fournie de Vesel et la deuxième batterie à cheval, qui devait également venir de Vesel ; 2° au deuxième corps, la deuxième batterie de réserve qui devait venir de Vesel ; 3° au huitième corps, le matériel d'une batterie de réserve et de deux batteries à cheval, et, enfin, au 11° corps, la batterie de réserve, qui lui est due en remplacement de celle qu'il a donnée au premier. Ainsi Vesel n'aura plus à fournir, indépendamment du treizième corps, que quatre batteries, savoir, une de division au onzième corps ; une de réserve au douzième, une à cheval au deuxième corps, et une autre également au douzième.

Vous avez, à Magdebourg, assez de caissons disponibles pour les nouvelles batteries, et quant aux attelages, vous y emploierez d'abord les deux cents chevaux qui restent à recevoir à Magdebourg, pour compléter la remonte et vous pourriez faire venir de Vesel, les compagnies du train nécessaires. Je désire que toutes les batteries qui sont organisées, partent pour leurs corps respectifs, y soient toutes rendues avant la rupture de l'armistice. Faites compléter d'abord les batteries du premier corps, ensuite, donnez au

---

1. Biffé dans la minute.

huitième corps le matériel dont il a besoin. Il faut que le matériel d'une batterie à pied et d'une à cheval, destinée pour ce dernier corps, soit rendue sur les remparts de Dresde avant le 15 juillet, où le Prince Poniatowski l'enverra prendre.

Faites-moi connaître les revirements de compagnies que vous faites, tant dans les corps d'armée que dans les places non investies, pour que toutes les batteries qui restent à fournir, soit de Mayence, Magdebourg, Vesel, aient leur personnel assuré. Je désire savoir quelles sont les compagnies dont vous pouvez disposer pour compléter le corps de. . . (Le reste de la page est blanc.)

———

Sans date.
(7 juillet 1813.)

NAPOLÉON, etc., avons décrété et décrétons ce qui suit :

Article 1er.

Indépendamment des 117 batteries d'artillerie française dont 63 de division, 20 de réserve et 34 à cheval et des 26 batteries de la garde, dont 6 à cheval, 6 à pied vieille garde, et 14 à pied, jeune garde, formant ensemble un total de 1,064 bouches à feu, qui sont employées dans les divers corps d'armée, il sera expédié de France, sur les places d'Erfurth, Magdebourg, Wittemberg et Hambourg, les bouches à feu de campagne ci-après désignées :

1° Sur Erfurth, 6 pièces de 12 et 2 obusiers à grande portée, 12 pièces de 6 et 4 obusiers de 24.

2° Sur Magdebourg, 12 pièces de 12, 4 obusiers à grande portée, 24 pièces de 6 et 8 obusiers de 24.

3° Pour Wittemberg, 3 pièces de 12 et 1 obusier à grande portée, 6 pièces de 6 et 2 obusiers de 24.

4° Pour Hambourg, 6 pièces de 12 et 2 obusiers à grande portée, 12 pièces de 6 et 4 obusiers de 24.

Article 2.

Toutes ces pièces seront envoyées avec les affûts, avant-trains et armements nécessaires.

Article 3.

Le nombre des caissons à expédier sera établi à raison d'un caisson par bouche à feu.

Article 4.

Il sera fait à Magdebourg et à Erfurth, ainsi qu'à Hambourg, des commandes de caissons pour compléter l'approvisionnement de ces batteries.

Article 5.

Tout ce matériel d'artillerie est destiné à être employé dans les places, soit pour remplacer les pertes qui pourraient être faites dans les équipages d'artillerie des divers corps d'armée.

Notre ministre de la guerre est chargé de l'exécution du présent décret qui sera communiqué au prince Major général et au général commandant l'artillerie de l'armée[1].

---

1. *Paris, le 27 avril 1813.*

Le Ministre de la guerre au général Sorbier, commandant en chef l'artillerie de la Grande-Armée.

Général,

Vous devez avoir eu connaissance du décret impérial du 7 de ce mois, qui prescrit l'envoi de 108 bouches à feu montées sur leurs affûts et d'un caisson par pièce dans les places de Magdebourg, Erfurth, Wittemberg et Hambourg. Ces bouches à feu sont destinées à être employées, soit dans ces places, soit en remplacement des pertes qui pourraient être faites pendant la campagne. L'état n° 1 indique la répartition de ce matériel dans les quatre places indiquées, et l'état n° 2 fait connaître ce qui sera fourni par les places de Wesel et de Mayence pour compléter ces expéditions. J'ai donné l'ordre d'expédier ce matériel par les chevaux de réquisition organisés en relais et j'ai chargé le général Pernety de surveiller les expéditions qui partiront de Mayence, et le major Pano celles qui partiront de Wesel. J'ai prévenu le maréchal prince d'Eckmühl de ce qui est relatif à Hambourg et de la construction de 26 caissons pour compléter le simple approvisionnement des pièces désignées pour cette place. J'invite V. E. à faire construire à Magdebourg et à Erfurth les 91 caissons qui doivent compléter le simple approvisionnement des pièces qui sont envoyées dans ces deux places et dans celle de Wittemberg.... J'invite V. E. à me rendre compte de l'exécution de ces dispositions.

A Dresde, le 9 juillet 1813.

M. de Bérenger, officier d'ordonnance, partira de Dresde, et se rendra à Nossen, Waldheim, Rochlitz, Altenbourg, Gera, Iena et Erfurth, ce qui est la route de l'armée.

M. de Bérenger voyagera à cheval, et écrira de chaque étape à l'Empereur. Il fera connaître tous les convois et troupes en marche qu'il rencontrera sur sa route. La situation des hôpitaux, magasins, garnison de chaque étape, ou poste intermédiaire, celle de la gendarmerie, les commandants de place, etc.

Il reconnaîtra si les ponts détruits par l'ennemi ont été rétablis, et s'ils ne l'avaient pas été, il demandera qu'ils le soient, sur la grande route, en sorte qu'on n'ait plus besoin des ponts provisoires qui avaient été construits lors du passage de l'armée.

M. de Bérenger restera trois ou quatre jours à Erfurth, il verra la situation de la place, l'artillerie, les hôpitaux, magasins, la garnison, les fortifications et écrira chaque jour.

Dresde, le 15 juillet 1813.

Monsieur le Baron de Lauriston,

Vous devez continuer votre tournée en voyant le corps du Duc de Bellune, et revenant ensuite à Dresde par Luckau, où est le duc de Reggio, dont vous verrez également le corps d'armée.

Ordre du 16 juillet.

L'Empereur ordonne ce qui suit :

Article 1er.

Il sera organisé à Magdebourg un équipage d'artillerie de siège de cent bouches à feu, qui seront choisies parmi celles employées à la défense de la place, ces bouches à feu seront seulement numé-rotées et ne seront dérangées en aucune manière de leur situation actuelle.

Article 2.

Les affûts, charriots, porte-corps, charriots à munitions, cais-sons d'outils, forges, triqueballes, chèvres, plates-formes, etc., se-ront construits sans délai dans la place de Magdebourg; toutes les mesures doivent être prises pour que cet équipage puisse se mettre en marche du 20 août au 6 septembre. En conséquence, les affûts, charriots, porte-corps, etc., seront construits de préférence à toute autre voiture, même aux caissons.

Article 3.

Tous les affûts, caissons et autres voitures d'artillerie hors de service seront démolis sans délai et leurs ferrures seront em-ployées auxdites constructions; les ferrures qui ne pourront point servir seront envoyées dans les forges du Hart et autres, pour y être mises aux échantillons de fers en usage dans l'artillerie.

Article 4.

Cent affûts de place seront également mis en construction à Magdebourg, savoir : quinze de 24, quatre-vingts de 12 et cinq de 6. Les ateliers de construction seront montés de manière que la moitié de ces affût soit terminée avant le 15 septembre et l'autre moitié avant le 15 octobre[1].

NAPOLÉON.

————

17 juillet 1813.

Monsieur le Comte Sorbier,

Donnez ordre que 1,500 fusils et 1,500 bayonnettes de rechange, choisis à Magdebourg parmi les armes hollandaises et autrichiennes qui se trouvent dans cette ville, soient dirigées sur Wittemberg, où elles seront destinées pour les hommes sortant des hôpitaux de Leipsick et de Wittemberg.

Sur ce, je prie Dieu, etc.

NAPOLÉON.

————

18 juillet 1813.

Monsieur le Comte Sorbier,

Vous trouverez ci-joint l'état de l'armement que j'ai arrêté pour la place de Torgau. Vous y verrez qu'il y a 153 bouches à feu en sus de celles employées à l'armement, mais qu'il manque vingt-deux affûts. La plupart des affûts existants dans cette place étant d'une mauvaise et faible construction, mon intention est que vous y fassiez construire vingt-quatre affûts de place, savoir : six de 24, six de 18, six de 12, six de 8, indépendamment des vingt-deux manquants, que vous ferez également construire, si vous ne pouvez les tirer de Dresde ou de Kœnigstein. Vous ferez couler dans les forges voisines les 25,780 projectiles manquants, mais faites cette commande de manière qu'ils puissent être rendus à Torgau avant le 10 août. Quant aux 125,000 kilogr. [de poudre] manquants, vous

————

1. Cette minute de décret n'est pas datée.

les comprendrez dans les demandes à faire en France. Je désire qu'un garde d'artillerie français soit établi à Torgau, pour y faire le service, il faut également qu'il y ait un officier d'artillerie français, d'un grade supérieur à l'officier d'artillerie saxon, et alors vous donnerez le commandement de toute l'artillerie de la place à l'officier français. Enfin, vous prendrez toutes les mesures convenables pour que toute l'artillerie de cette place soit mise promptement en très bon état, mon intention est que toutes les constructions d'affûts, plates-formes, coulage des projectiles, soient à mes frais.

18 *juillet 1813*.

Monsieur le Comte Sorbier,

Je vous envoie un nouvel état d'armement pour la place de Wittemberg. Vous verrez que j'ai augmenté l'armement de quelques pièces de gros calibre, nécessaires, tant pour placer sur les cavaliers que pour flanquer la tête de pont et obliger l'ennemi à tenir ses camps à une bonne distance de la place. Les autres pièces en sus de celles portées au premier armement, ne sont nécessaires que pour éviter des déplacements de pièces qui seraient mises hors de service. Donnez sur-le-champ tous les ordres convenables, pour que l'armement de la place de Wittemberg ait lieu conformément à l'état ci-joint et faites en sorte que toutes les bouches à feu soient approvisionnées et mises en batterie pour le 1er août.

Sur ce, je prie Dieu qu'il vous ait en sa sainte garde.

NAPOLÉON.

Sans date.
(21 juillet 1813 [1].)

L'Empereur part pour Mayence le 25, à deux heures du matin, dans sa voiture, avec le prince de Neufchâtel, et Roustan sur le devant.

Un charriot pour le comte de Lobau, un ouvrier, un valet de pied.

— M. Drouot, — —

— M. Athalin, — —

— M. Yvan, — —

Un charriot, un garçon de garde-robe, un ouvrier :

M. Colin.

Un charriot pour M. Fain, un garçon de bureau.

— M. Jouan, un valet de pied.

M. Lenny courra jusqu'à Erfurth.

M. Gourgaud, d'Erfurth à Fulde.

M. de Mesgrigny, de Fulde à Mayence.

M. de Mesgrigny et M. Gourgaud partiront sur-le-champ faire préparer les escortes, ils prendront chez le Prince Major Général tous les renseignemens nécessaires pour connaître les corps qui peuvent se trouver sur la route.

Le général Guyot placera des piquets, qu'il poussera le plus près possible de Leipsig ; M. Gourgaud est chargé des escortes d'ici à Erfurth, et M. de Mesgrigny d'Erfurth à Fulde, et même au delà.

L'Empereur voyage incognito et ne veut aucun honneur, excepté les escortes qu'on commandera, ainsi que les chevaux, sous le nom du duc de Bassano.

Quelques hommes d'escorte seront laissés à chaque station pour accompagner la voiture du cabinet.

---

1. Cette pièce se rapporte évidemment au 25 juillet 1813, date à laquelle l'Empereur partit de Dresde pour Mayence, pendant le Congrès de Prague. Napoléon repartit de Mayence le 1er août, à 6 heures du soir, et rentra à Dresde le 4 août. De Mayence, il avait adressé au prince Eugène une lettre datée du 27 juillet et débutant ainsi :

« Mon fils, je suis venu passer huit jours ici, où j'ai trouvé l'Impératrice en bonne santé. Je serai vers le 1er août de retour à Dresde. »

M. le duc de Padoue sera prévenu du passage de l'Empereur, afin qu'il puisse venir prendre les ordres de Sa Majesté sur la route, mais sans son état-major, Sa Majesté voulant être tout à fait incognito.

Sa Majesté ne veut pas passer dans la ville, à Leipsig.

Deux inspecteurs des postes en avant, pour commander les chevaux, deux piqueurs, deux ou trois courriers.

M. Gourgaud commandera et préparera un logement à la poste aux chevaux, à Erfurth, où il attendra Sa Majesté et prendra, en attendant, des renseignemens sur la situation de la place et son armement.

M. de Mesgrigny fera préparer un logement et un bon dîner à Fulde.

————

Sans date.
(24 juillet 1813.)

L'Empereur part à trois heures du matin, dans sa voiture, avec S. A. le prince de Neufchâtel.

S. M. voyage incognito, les troupes ne doivent donc point border la haie et on ne doit point tirer le canon.

Les troupes doivent être prêtes à prendre les armes au premier ordre, et se réunir en grande tenue au champ d'exercice.

S. M. veut toutes les voir, même les conscrits saxons.

S. M. recevra, à son arrivée, le commandant de la place, les chefs d'armes et de corps, les commissaires des guerres, les inspecteurs des revues, etc.

Après son déjeuner l'Empereur verra les troupes et fera ensuite le tour de la place, ce tour terminé, il remontera en voiture sur les glacis pour se rendre à Wittemberg, où il entrera aussi incognito.

S'il n'y a pas assez de jour, S. M. verra la place à son arrivée; les troupes seront prêtes à prendre les armes au premier ordre. L'Empereur les verra probablement le lendemain, 11.

Il est possible que l'Empereur se rende à Magdebourg et à Leipsig, et c'est aussi possible que S. M. revienne de Wittemberg à

Dresde en passant par la rive gauche de l'Elbe ; on organisera sur-le-champ des relais sur cette route et on y placera des escortes. S. M. reviendrait à Dresde le 11.

———

Dresde, le 24 juillet 1813.

Monsieur le Duc de Padoue,

M. Gourgaud, officier d'ordonnance de l'Empereur, vous désignera toutes les escortes qu'il faut placer pour accompagner Sa Majesté, qui part à une heure du matin pour Mayence. Il faut donc placer des piquets de 25 hommes de deux en deux lieues. L'Empereur veut être tout à fait incognito, et voyage sous le nom du duc de Bassano. C'est ce que vous direz sans affectation. Faites toutes les dispositions dont vous parlera M. Gourgaud.

Le Prince, Vice-connétable, Major général,

ALEXANDRE.

———

Dresde, le 24 juillet 1813.

Ordre.

Il est ordonné à tout commandant militaire quelconque, soit des troupes de la garde, ou autres troupes d'infanterie, cavalerie, artillerie, d'exécuter toutes les dispositions qui pourraient lui être prescrites par M. le baron Gourgaud, officier d'ordonnance de l'Empereur. La lecture du présent leur servira d'ordre et les rend responsables de l'exécution.

Le Prince, Vice-connétable, Major général,

ALEXANDRE.

Mayence, le 1er août 1813.

On ne doit plus faire usage de cet ordre.

Le Premier officier d'ordonnance,
Baron GOURGAUD.

———

Mayence, le 29 juillet 1813.

M. le chevalier Pailhou partira dans la soirée et se rendra en droite ligne à Bayreuth, et de là, par Egra, à Prague, pour porter la lettre ci-jointe au duc de Vicence [1]. Il aura soin de bien observer toute la route et les positions depuis Bayreuth et Egra, jusqu'à Prague. Il verra avec attention et cependant sans affectation la place d'Egra et tous les travaux qu'on a faits à Prague. Il reviendra quand le duc de Vicence le renverra, il ne dira rien du lieu où est l'Empereur, mais, pour sa gouverne, il saura que Sa Majesté partira le 1er et qu'elle sera probablement le 2 à Bayreuth. Il est nécessaire qu'il fasse viser son passeport chez un agent autrichien; s'il y en a un à Francfort, il s'adressera au comte Hédouville qui le lui fera viser. Sans quoi, il ira jusqu'à Wurtzbourg et s'il n'y en a point à Wurtzbourg, ou qu'on ne voulût pas viser son passeport, il fera voir son ordre du Major général qui l'expédie au duc de Vicence, comme porteur de dépêches.

———

Mayence, 20 juillet 1813.

Décret.

Article 1er.

Le marché pour fourniture, à Francfort, de mille chevaux d'ar-

———

1. Je ne la trouve pas à la *Correspondance.* G.

tillerie, passé le 14 mai, entre le général Pellegrin et le sieur Laville, qui devait être entièrement rempli pour le 30 juin, est ré-
silié.

Article 2.

Le dit fournisseur Laville fournira 250 chevaux d'artillerie
avant le 5 août et 250 avant le 10 du même mois; moyennant
l'exécution de la fourniture de ces 500 chevaux à ces époques,
la peine d'une retenue de 40 fr. par cheval, encourue par le dit
fournisseur pour n'avoir pas livré les mille chevaux du premier
marché à l'époque convenue, ne lui sera pas appliquée; mais si les
500 susdits chevaux ne sont pas livrés aux époques ci-dessus indiquées, cette retenue de 40 fr. par cheval lui sera faite.

Article 3.

Mille chevaux de trait, propres à l'artillerie, seront requis dans
les six départements du Haut-Rhin, du Bas-Rhin, du Mont-Ton-
nerre, de la Roër, de la Sarre et du Rhin-et-Moselle.

Ces mille chevaux devront être rendus à Mayence le plus promptement possible; ils seront payés 400 francs chaque, en bons de la
caisse d'amortissement, remboursables sur le produit de la vente
des biens communaux.

Article 4.

Ces mille chevaux serviront : 1° 500 à remplacer les 500 chevaux en déficit sur le marché cassé des mille; 500 pour monter la
6° compagnie du 8° bataillon (bis) du train et la 5° compagnie du
9° bataillon (bis), dont je viens d'ordonner la formation à Mayence.

Nos ministres de la guerre, de l'intérieur et du Trésor sont
chargés, chacun en ce qui le concerne, de l'exécution du présent
décret, qui sera communiqué sur-le-champ au Major général, qui
enverra par estafette les ordres nécessaires pour sa prompte exécution et les fera connaître au général Pernetty.

Toujours sur la même feuille :

Mayence, 29 juillet 1813.

Décret.

Il sera formé 18 nouvelles compagnies d'artillerie à pied, à raison de deux pour chacun des neuf régiments de cette arme. Elles porteront les n⁰ˢ 27 et 28.

Article 2.

Il sera formé quatre nouvelles compagnies d'artillerie [à cheval], à raison d'une pour chacun des régiments de cette arme ci-après indiqués : 1ᵉʳ, 2ᵉ, 3ᵉ, 5ᵉ régiments ; ces compagnies porteront le n° 8 et compléteront les six régiments d'artillerie à cheval [à 8 compagnies] chaque.

Le ministre de la guerre, etc.

———

20 juillet 1813[1].

Monsieur le Duc de Feltre,

Par un décret de ce jour, je viens d'ordonner la création de dix-huit nouvelles compagnies d'artillerie à pied, à raison de deux pour chacun des neuf régiments de cette arme et quatre nouvelles compagnies d'artillerie à cheval, qui complèteront à huit compagnies chaque, les six régiments à cheval. Il est bien nécessaire d'avoir un certain nombre de compagnies d'artillerie à pied en France, afin de pouvoir, en cas de nécessité, les jeter sur les points menacés, soit sur les côtes, dans les places, en Italie, etc. Je pense que sur les vingt-six compagnies qui sont aux armées du midi, du centre du Portu-

---

1. L'expédition de cette lettre est datée de Mayence le 31 juillet. — Remise le 4 août au général Évain, chef de la 6ᵉ division au ministère de la guerre.

gal et du nord, vous pourrez en retirer six et que sur les seize qui sont en Catalogne et Arragon, vous pourrez en retirer quatre, ce qui, avec les dix-huit que je viens de créer, fera un total de vingt-huit compagnies d'artillerie disponibles en France. Veillez surtout, si la guerre avec l'Autriche venait à avoir lieu, à ce qu'il y ait à Alexandrie et en Italie un bon nombre de compagnies d'artillerie pour pouvoir jeter dans nos places et bien assurer leur défense. Quant aux quatre nouvelles compagnies d'artillerie à cheval, dont j'ordonne aussi la formation, je désire qu'elles soient rendues à Mayence avant la fin d'août, elles seront employées au cinquième corps de cavalerie, composé de la cavalerie qui revient d'Espagne. D'après votre rapport du 16 juillet et l'état qui y était joint, il y a suffisamment de canonniers à pied et à cheval dans les dépôts pour ces formations.

————

Mayence, le 31 juillet 1813.

Au Prince Major général.

Mon cousin, écrivez par l'estafette de ce jour au gouverneur d'Erfurth et au commandant de l'artillerie de cette place, pour leur donner l'ordre de faire partir dans les quarante-huit heures qui suivront la réception de vos ordres 100,000 kilogrammes de poudre pour Magdebourg, ainsi que 40,000 kilogrammes pour Torgau. Ces 40,000 kilogrammes resteront à Torgau si Wittemberg a reçu les poudres nécessaires à son approvisionnement; dans le cas contraire, ils seront envoyés dans cette dernière place. D'après les situations d'Erfurth, il y a dans cette place 155,000 kilogrammes de poudre; ainsi, les expéditions que je prescris pourront se faire, mais mon intention est qu'il y reste au moins 10,000 kilogrammes. J'ai fixé l'approvisionnement d'Erfurth à 100,000 kilogrammes, 60,000 vont partir d'ici pour cette destination; donnez ordre au gouverneur d'Erfurth d'instruire le général Lemarrois de la marche des convois et les lieux où ils se trouveront chaque jour, afin qu'il puisse les protéger et les garantir des attaques des partisans. Il faut prendre à ce sujet toutes les précautions nécessaires.

————

A la fin de juillet, l'Empereur avait réorganisé ou complété les équipages d'artillerie de la Grande-Armée. La lettre et le tableau ci-dessous permettent d'apprécier la situation à la veille de la reprise des hostilités.

Paris, le 0 août 1813.

Le Ministre de la guerre à S. E. le général comte Sorbier.

Général,

J'ai reçu la lettre de V. E. en date du 25 du mois dernier et à laquelle était annexé un état indiquant les voitures qui manqueraient encore à l'époque du 15 juillet pour compléter le double approvisionnement en caissons et le nombre fixé des affûts de rechange et des forges de campagne. S. M. ayant ordonné pendant son séjour à Mayence divers envois de matériel d'artillerie en Allemagne, le manquant qui se composait au 15 juillet de 1,160 voitures doit être considérablement réduit. Mais j'ai remarqué que les bases prises pour calculer le nécessaire ne se rapportent pas à celles qui ont été fixées par l'Empereur. J'adresse, en conséquence, à V. E. un état qui servira à déterminer exactement ce nécessaire, à moins de nouveaux changements dont je n'aurais pas eu connaissance............ M. le général Pernety doit encore faire expédier 3 batteries à la Grande-Armée et je lui prescris d'y faire diriger toutes les forges de campagne qui excéderont le nécessaire à Mayence et qui pourront être au nombre de 30 environ ; c'est la totalité de celles dont je puis disposer.

ÉTAT faisant connaître la répartition des batteries de division, des batteries à cheval et des batteries de réserve telle qu'elle a été ordonnée par l'Empereur à la date du 1er août 1813. — (*Extrait.*)

DÉSIGNATION des CORPS D'ARMÉE.	NOMBRE DE BATTERIES par corps d'armée			TOTAL DES BATTERIES.	BOUCHES A FEU composant les batteries.				TOTAL DES BOUCHES A FEU.	TOTAL DES CAISSONS.
	de division.	à cheval.	de réserve.		CANONS. 12.	6.	OBUSIERS. 6 p.	5p¹/₂.		
Garde impériale	16	6	4	26	24	120	8	44	196	728
1er corps d'armée	6	2	2	10	12	44	4	16	76	292
2e —	6	2	2	10	12	44	4	16	76	292
3e —	8	2	2	12	12	56	4	20	92	311
4e —	2	1	2	5	12	16	4	6	38	163
5e —	8	2	2	12	12	56	4	20	92	311
6e —	8	2	2	12	12	56	4	20	92	311
7e —	2	»	»	2	»	12	»	4	16	52
11e —	6	1	2	9	12	40	4	14	70	272
12e —	4	2	2	8	12	32	4	12	60	240
13e — et 50e division . .	5	2	2	9	12	38	»	18	68	258
1er corps de cavalerie.	»	4	»	4	»	16	»	8	24	80
2e —	»	4	»	4	»	16	»	8	24	80
3e —	»	4	»	4	»	16	»	8	24	80
4e —	»	2	»	2	»	8	»	4	12	40
Corps de Bavière.	10	4	2	16	12	76	4	28	120	436
TOTAUX	82	40	24	145	144	646	44	246	1,080	4,050

Le 5 août, de Dresde.

Instructions pour l'officier d'ordonnance Laplace.

Vous partirez aujourd'hui pour vous rendre à Hambourg, vous y arriverez le 8 au plus tard. Vous y resterez le 9 et le 10, vous repartirez de manière à être de retour ici le 13 au soir; vous visiterez les remparts, l'emplacement du camp choisi par le prince d'Eckmühl, le pont et la place de Hambourg; vous m'apporterez : 1° la situation de l'artillerie des remparts et me ferez connaître son approvisionnement, quelle espèce de pièces; 2° le personnel en généraux, officiers, soldats, pontonniers, etc.; 3° la situation de la place, de ses portes, demi-lunes, parapets, enfin ce qui constitue sa défense. Vous me ferez aussi connaître le nombre des troupes du génie; 4° la situation du personnel et du matériel de la marine ; 5° la situation de la gendarmerie, des douaniers, etc.; 6° le nom des officiers supérieurs, généraux, d'état-major de la place; 7° la quantité et la nature de l'approvisionnement de siège. Enfin, la situation des troupes de la 50° division, celle de la 8° division, celle de la 40° division ; la situation du dépôt de cavalerie. Vous joindrez à cet état tout ce qui est en route et sera arrivé à Hambourg pour le 17 août. Vous me ferez connaître la situation que prendra le prince d'Eckmühl, avec son armée. Vous ne négligerez rien et n'oublierez rien qui puisse m'instruire de la situation des affaires. Quand vous aurez obtenu ces renseignemens, vous reviendrez en toute diligence et de manière à être de retour à Dresde le 12 d'aoust, si cela est possible.

NAPOLÉON.

Note sur le manuscrit.

A ces instructions sont jointes deux lettres :
Une pour le général Lemarrois à Magdebourg [1] ;
L'autre pour le prince d'Eckmühl à Hambourg [2].

———

Dresde, le 7 août 1813.

L'officier d'ordonnance Athalin se rendra aujourd'hui à Kœnigstein, d'où il fera un rapport sur l'armement, etc. De là, il se rendra à Neustadt et à Stolpen; il remarquera bien la nature des chemins et rendra compte en même tems de l'armement et de l'état du fort de Stolpen. Il parcourra les frontières de la Bohême pour bien observer tous les débouchés de Bautzen sur Schluckenau, il ira à Lœbau et observera bien les débouchés de Schluckenau et Rombourg; il ira à Zittau, observant de même les communications de cette ville avec la Bohême. De Zittau, il ira à Seidenberg, en observera les débouchés sur la Bohême; de Seidenberg, il ira à

———

1. Je ne la vois pas à la *Correspondance.* O.
2. N° 20,333 de la *Correspondance.* O.

Marcklissa, de là à Friedberg, observant de même tous les débouchés de la Bohême, et prenant des notes à ce sujet. Il verra, sur les différentes directions de la Bohême, de Bautzen à Lœbau, quelles seraient les dispositions favorables à l'ennemi et celles que nous pourrions prendre contre lui. Il écrira tous les jours, parcourra tout le cours de la Katzbach, en reconnaîtra les positions, défilés, etc.

Dresde, le 7 août 1813.

Caraman se rendra à Luckau, d'où il rendra compte des progrès des fortifications, armement, manutention, magasin des vivres; de là il ira à Baruth et verra si on peut mettre cette ville à l'abri d'un coup de main. Il parcourra et observera bien la route de Luckau à Baruth et de Baruth à Jüterbock et de Jüterbock à Luckau, sans passer par Baruth, et celle de Luckau à Buchholtz.

Il me tiendra au courant de tout ce qui se passe, si l'on se prépare pour reprendre les hostilités, s'il n'y a point de voitures d'artillerie et d'équipages qui soient dételés, etc.

Dresde, le 7 août 1813.

M. de Saint-Marsan partira sur-le-champ pour Freyberg et Kemnitz, il rendra compte de ces deux endroits, si le maréchal Saint-Cyr, commandant le 14e corps, le général d'artillerie Pernetty, les ordonnateurs, administrateurs, les employés audit corps y sont arrivés. Si l'on prépare des vivres pour les corps; enfin, si la 42e division y est arrivée le 9. Pendant sa mission, il m'écrira tous les jours pour me faire connaître ce qui peut m'intéresser, et principalement tout ce qui a rapport au 4e corps : l'état de l'artillerie arrivée, de celle attendue, où cette dernière se trouve, l'état des troupes, des équipages militaires, etc.

Ce 8 août 1813.

Monsieur le Baron Rogniat,

Faites placer, avant le 12, une porte épaisse et solide à la porte de Pirna. Le pont-levis est placé trop en avant et sous le feu des maisons ; il faut faire faire un nouveau fossé près de la porte et y établir ce pont-levis. Il faudrait qu'il y eût, depuis cette porte jusqu'à la rivière, un fossé plein d'eau, le long des palissades, car celui qui existe actuellement, étant très près des maisons, est tellement protégé par leur feu que l'ennemi pourrait facilement le combler. Je le considère comme s'il n'existait pas. De l'autre côté, le fossé défend mieux la grande brèche et, s'il peut contenir six à sept pieds d'eau, il sera d'une assez bonne défense ; mais, à l'une et à l'autre brèche, la palanque[1] doit être considérée comme étant extrêmement faible ; je ne la considère que comme une palissade. La véritable enceinte est la ligne des maisons, il faut donc qu'elles soient crénelées et que les cinq à six rues qui aboutissent sur ce point soient barricadées. Il est bon de le faire d'abord avec des barrières derrière lesquelles, plus tard, on ferait un épaulement. Faites bien étudier cela et ensuite remettez-moi un mémoire là-dessus. C'est la seule manière d'assurer une garantie suffisante aux sept ou huit mille hommes que je laisserai à Dresde, puisque les trois quarts de l'enceinte sont à l'abri d'un coup de main, et qu'à la partie où l'ennemi aurait détruit les palanques, le gouverneur pourrait placer beaucoup de tirailleurs dans les maisons voisines et des pièces derrière les barricades et au débouché des rues, et par ce moyen, empêcherait l'ennemi de pénétrer. La barrière du pont du faubourg où j'habite est peu de chose ; il faudrait établir un tambour en avant du pont pour défendre les approches dans cette direction et de faire en sorte d'empêcher l'ennemi d'entrer, soit par la barrière, soit par la palanque, puisqu'il y aurait un grand feu dans cette direction.

Il est indispensable qu'au 18 ou au 20 je sois parfaitement tranquille sur la vraie défense de la ville, c'est-à-dire sur le barrica-

---

1. Palanque, retranchement fait avec des pieux ou pals. G.

dement des maisons et des rues, sur la clôture et la solidité des portes, etc. Je désire avoir la certitude qu'à cette époque les barrières seront placées partout et qu'il y aura en réserve assez de gabions tout prêts et des sacs à terre pour barricader, faire des épaulements et établir des batteries au débouché des rues. Cela seul peut me donner quelque confiance. Le fossé actuel et la palanque ne m'en donnent pas suffisamment.

Sur ce, je prie Dieu, etc.

———

Dresde, le 12 août 1813.

Monsieur l'officier d'ordonnance Prétet partira sur-le-champ pour se rendre à Luckau, et remettra la lettre ci-jointe au duc de Reggio. Il verra la situation de la place, de son armement, garnison, manutention, magasins de vivres et troupes, et il prendra la réponse du duc de Reggio, et viendra rejoindre l'Empereur près de Bautzen. Il tiendra des notes de la situation des lieux où se trouvent les troupes qu'il pourra rencontrer. L'officier d'ordonnance Prétet remettra la lettre ci-jointe à l'officier d'ordonnance Caraman, qui est à Luckau ou en route pour revenir; il fera, pendant la route, bien attention de ne pas se croiser avec cet officier, car s'il ne le trouvait pas, M. Prétet remplirait la mission donnée à M. de Caraman, et d'après laquelle il doit rester auprès du duc de Reggio jusqu'après la prise de Berlin ou la première grande affaire ou bataille.

———

Dresde, le 12 août 1813.

L'officier d'ordonnance Pailhou portera la lettre ci-jointe au général Lapoype, à Vittemberg[1]. Il ira ensuite porter la lettre ci-jointe au général Lemarrois, à Magdebourg[2].

Il verra la ville de Magdebourg, l'arsenal et les magasins, et en rapportera la situation et la réponse du général Lemarrois; il reviendra par Vittemberg, où il prendra la réponse du général Lapoype; enfin à son passage, en retour par Torgau, il prendra la situation de la garnison, des magasins, des vivres et de l'artillerie. Il sera demain 13 à Magdebourg, et devra être de retour le 15, au plus tard le 16. Il recueillera aussi des renseignemens sur la situation du corps du général Dombrowski; il notera la situation et les lieux où se trouvent les troupes qu'il pourra rencontrer en route, principalement en ce qui concerne le 14e corps.

Dresde, le 13 août au soir.

Monsieur l'officier d'ordonnance Saint-Marsan partira sur-le-champ en poste pour porter la lettre ci-jointe à[3] M. le duc de Raguse, à Buntzlau; de Buntzlau il se rendra de suite à Lignitz pour porter la lettre ci-jointe, adressée au prince de la Moskowa. De Lignitz il ira à Lovenberg et remettra la lettre ci-jointe au duc de Tarente. M. de Saint-Marsan fera grande diligence et rejoindra, sa mission terminée, le quartier général de S. M., qui se trouvera probablement à Gorlitz. Il aura soin de prendre les réponses qui pourraient être faites aux trois lettres dont il est porteur. Il observera tout et se mettra à même de rendre compte à S. M. de ce qui pourrait l'intéresser.

---

1. Nº 20,365 de la *Correspondance.*
2. Je ne la vois pas dans la *Correspondance.*
3. Nº 20,373 de la *Correspondance.* (Lettre collective adressée aux trois maréchaux cités.)

A Dresde, le 13 août 1813.

L'officier d'ordonnance de Bérenger portera la lettre ci-jointe au général Reynier[1], qui se rend de Gœrlitz à Luckau, et doit être en marche depuis ce matin. Il portera ensuite la lettre ci-jointe au général Bertrand[2] et me rapportera les états de situation de ces deux corps : infanterie, cavalerie et artillerie, ainsi que les dépêches des deux généraux. Il me rejoindra à Bautzen, où sera probablement mon quartier général.

N.

Dresde, le 14 août 1813.

L'officier d'ordonnance de Lamezan partira avant deux heures du matin pour se rendre à Pirna, où il trouvera le maréchal Saint-Cyr. Il prendra auprès de ce maréchal tous les renseignements sur les troupes sous ses ordres, la position que chaque corps doit occuper, le système d'attaque et de défense adopté. De là il ira à la position reconnue pour les troupes et indiquera avec détail à chaque général ce que sa position a d'avantageux, et ce que chacun d'eux doit faire pour en tirer le meilleur parti possible, et remplir mes intentions. Il prendra une connaissance exacte du camp, des positions, etc. Il verra la division, prendra les états de situation : cavalerie, infanterie, artillerie, etc., et s'empressera de me rejoindre à Bautzen. Il prendra note de tout ce qui pourrait m'intéresser.

Bautzen, le 24 août 1813.

Gourgaud partira pour Dresde, où il arrivera avant huit heures du soir; si, en route, on a entendu le canon ou qu'il apprenne

---

1. Je ne la trouve pas.
2. *Idem.*

quelque chose de nouveau, il m'expédiera une estafette de la maison de la poste. Arrivé à Dresde, il ira chez Durosnel, Bassano, Saint-Cyr, le roi de Naples; il verra le commandant du génie, le général Pernety; il visitera les redoutes, l'enceinte de la ville; il m'expédiera à deux heures après minuit un courrier pour me faire connaître tout ce qui s'est passé, le rapport des prisonniers, ce qu'on dit de l'ennemi. Il tâchera de voir les généraux Bonnet et L'Héritier et comment sont placés leurs postes. De Stolpen, il m'écrira si le général Vandamme et ses troupes y sont arrivés. Il repartira au plus tard de Dresde demain à six heures du matin pour me rejoindre.

Demain, à deux heures après midi, je puis faire entrer quarante mille hommes à Dresde, et après-demain cent autres mille. Mais, de Stolpen, j'ai deux directions, l'une par Kœnigstein où je ferais entrer quarante mille hommes et débloucherais sur les derrières de l'ennemi; mais, pour cela, il faut que Dresde ne soit pas enlevé demain; ce sera l'objet du courrier de minuit, car si Dresde pouvait être enlevé, si les redoutes n'étaient pas en bon état, je préférerais déboucher par Dresde; mais si l'on a placé du canon dans les différentes positions que j'ai indiquées pour flanquer l'enceinte, que la garnison soit de plus de 30,000 hommes et en bonne disposition, et qu'enfin Dresde soit assurée pour les journées du 25 et du 26, je continuerais mon mouvement par Kœnigstein.

Gourgaud aura soin de s'assurer si on a envoyé de la cavalerie dans la direction de Königsbrück et de Meissen, sur la rive droite. Il me fera connaître, indépendamment de son opinion, celle du roi de Naples, du duc de Bassano, de Saint-Cyr et de Durosnel. Il verra le général Gersdorff, pour lui dire qu'il ne peut voir le roi, parce qu'il repart de suite, que demain je puis faire entrer quarante mille hommes dans Dresde et en avoir après-demain deux cent mille. Je suppose qu'on a évacué tout Marcolini et que Durosnel aura envoyé à Neustadt le trésor qu'il a chez lui.

NAPOLÉON.

Stolpen, le 25 août 1813 à onze heures du soir.

Gourgaud retournera sur-le-champ à Dresde, il verra en passant le lieu où est la division Teste, et informera le général que le prince de Neufchâtel lui envoie l'ordre de retourner à Dresde. Il verra Lefebvre Desnouëttes et lui dira qu'il doit, avec les huit bataillons de la jeune garde, se porter sur Dresde, où l'Empereur doit se rendre aussi; qu'il faut préparer des escortes. Deux bataillons et mille chevaux de la garde surveilleront la rive de Kœnigstein à Dresde. Gourgaud fera connaître à Saint-Cyr que j'ai chargé Vandamme de s'emparer de Pirna, de déboucher sur l'ennemi avec soixante bataillons et quatre mille chevaux. Saint-Cyr aura sur la rive droite les huit bataillons de Teste, les huit de jeune garde, total seize. Ils y seront en position demain avant huit heures du matin. La vieille garde partira de Stolpen à la petite pointe du jour, elle arrivera à Dresde à onze heures. Latour-Maubourg a l'ordre de s'y diriger également. Il est probable que j'y serai moi-même de bonne heure. Gourgaud dira que le sixième et le deuxième corps arrivent de Bautzen et pourront être demain, soit à Dresde, soit à Pirna, selon les mouvements de l'ennemi; qu'il est probable que le mouvement de Vandamme obligera l'ennemi à se retirer et que, la route de Pirna devenant libre, l'Empereur pourra s'en servir en passant par Dresde, quoique cela fasse un détour; que toutes les réserves de l'artillerie de la garde se rendent à Dresde, etc. Gourgaud remontera les têtes. Il dira qu'il faut tenir et que j'arriverai de bonne heure. Il fera en sorte que je le trouve vers 5 à 6 heures du matin à l'entrée de la Neustadt.

NAPOLÉON.

———

Dresde, le 2 septembre 1813.

Gourgaud se rendra à Gorlitz, auprès du duc de Tarente. Il s'informera à Bautzen, au général Piré, s'il faut prendre une escorte. Il est important qu'il revienne le plus tôt possible et me rapporte la situation du corps du duc de Tarente : le nombre d'hommes pris ou tués, l'artillerie, etc., me fasse connaître le moral des troupes, la position qu'on occupe, ce que veut ou croit pouvoir faire le duc de Tarente. Il s'informera de l'état de l'armée opposée. Tous ces renseignements sont nécessaires pour me décider dans le parti que je dois prendre. Gourgaud dira au maréchal que son chef d'état-major n'écrit que de petites lettres, qui ne contiennent aucun détail, et qu'on me laisse ignorer les choses. Cependant, rien n'est plus important que de me tenir bien informé. Gourgaud verra Lauriston, Souham, Sébastiani, me fera savoir ce qu'ils pensent et me rapportera surtout son opinion. S'il croit devoir rester vingt-quatre ou trente-six heures, il m'expédiera une estafette.

NAPOLÉON.

Dresde, le 2 septembre, à 4 heures du matin.

M. l'officier d'ordonnance **Prétet** partira ce matin pour Meissen, il y verra le château, le pont, la tête de pont, l'artillerie et les magasins.

Il s'assurera de ce qui suit :

1° Que l'adjudant-commandant qui commande à Meissen est un homme de tête, capable de remplir son poste ;

2° Si les travaux du château sont bien entendus, et quand ils seront terminés ;

3° Si le château défend bien le pont, et s'il ne le défendait pas, ce qu'il faudrait faire pour que le pont dépendît entièrement du château ;

4° De l'état de la tête de pont.

Pirna, 21 septembre 1813.

M. **Pailhou** se rendra à Kœnigstein, il verra le camp de Lilienstein, la manutention et les magasins, il prendra connaissance de l'approvisionnement de Kœnigstein et de ce que l'on pourrait en tirer pour Lilienstein. Il verra l'ennemi de ce côté et viendra me rendre compte de sa mission.

Pirna, 21 septembre 1813.

M. de Caraman se rendra à Gieshubel, il y verra la position des deux divisions du duc de Tréviso, si elles sont baraquées, si elles ont des vivres, il continuera à voir ensuite le corps du comte de Lobau et reviendra par la 42ᵉ division, c'est-à-dire par Lang- hennersdorf et Kritzcharnitz.

Dresde, le 5 octobre 1813.

Gourgaud se rendra chez le duc de Tarente : il verra s'il a reçu la lettre du major général pour faire des reconnaissances sur Gros- sen-Hayn et sur le bas Elbe. Il faudrait aujourd'hui faire une forte reconnaissance sur Kamentz et Kœnigsbruck, pour savoir positivement ce qu'est devenu Langeron et percer le rideau qui est devant nous. Gourgaud verra comment le duc de Tarente pourrait faire cette reconnaissance en très grande force. Il faudrait diriger les deux divisions du général Gérard d'un côté et les deux autres de l'autre, et laisser une réserve au camp ; si l'on trouve de petites colonnes ennemies, il faudra les culbuter. Je voudrais que ces deux fortes reconnaissances partissent de bonne heure, et que j'eusse un résultat dans la journée, puisqu'il paraît que l'ennemi est en grande manœuvre. Gourgaud verra, en passant, si l'on est avancé pour les redoutes sur les hauteurs.

NAPOLÉON.

Dresde, le 6 octobre 1813.

L'officier d'ordonnance Athalin se rendra à Meissen en longeant les bords de la rive gauche de l'Elbe, il verra chaque blockhaus et s'assurera des troupes qui font le service. Arrivé à Meissen, il verra la situation du château, les troupes qui s'y trouvent et la situation de la tête de pont. Il s'informera de ce qu'on sait de l'ennemi. En allant il aura soin de s'informer si, de l'autre côté, il y a de la cavalerie et de l'infanterie ennemie, et si, hier, il a été tiré des coups de fusil. Il s'informera des nouvelles qu'on a du général Souham à Meissen, à quelle heure il en est parti et s'il a emmené toute sa cavalerie. Il s'informera s'il y a du blé et de la farine à Meissen, il m'écrira aussitôt qu'il y sera arrivé, sur tous ces objets. Il s'informera de la direction qu'a prise le général Souham et se rendra à son quartier général. Il m'instruira de tout ce qu'il pourra apprendre en chemin. Du quartier général du général Souham, il se rendra à celui du duc de Raguse. Il y restera jusqu'à nouvel ordre, et m'écrira deux fois par jour tout ce qui viendra à sa connaissance.

NAPOLÉON.

Le 7 octobre, Napoléon quitta Dresde et arriva, le 15, devant Leipzig. Après les sanglantes journées du 16 et du 17, l'armée française se mit en retraite le 18, combattit à Hanau le 30 et repassa le Rhin, le 2 novembre, à Mayence. L'Empereur fit un court séjour dans cette ville, où il ébaucha la réorganisation de l'armée, puis il rentra à Paris le 9 novembre. Déjà il avait expédié plusieurs ordres pour hâter le rassemblement et la répartition des fusils existant encore dans l'Empire, ainsi que pour activer la fabrication de nouvelles armes. Mais, en dépit de tous les efforts, le nombre des fusils disponibles resta toujours très inférieur à celui des recrues fournies par les nouvelles levées, et cette pénurie fut l'une des plus angoissantes préoccupations de cette douloureuse époque.

Paris, le 21 novembre 1813.

Le baron Gourgaud se rendra au bureau de l'artillerie, il rapportera aujourd'hui l'état des 24,000 fusils qui existent en Italie. Il doit y en avoir à Rome, à Alexandrie, à Gênes, à Florence, etc. Il verra où sont les 18,000 fusils restants. Il faut que j'en aie l'état assez exact, pour l'envoyer au prince Borghèse afin de le vérifier.

Le baron Gourgaud se rendra également chez le ministre de la marine, et lui dira de ma part que 5,000 fusils doivent partir de Toulon pour Gênes, qu'en conséquence, ce ministre doit désigner deux ou trois bâtiments légers pour les transporter le plus promptement possible à Gênes. Il lui demandera aussi si la marine pourrait fournir à Toulon, ou sur les côtes de la Méditerranée, 8,000 ou 10,000 fusils, pour les envoyer également à Gênes, on les remplacera par la suite. Une estafette extraordinaire portera les ordres des ministres de la guerre et de la marine, afin que ces 5,000 fusils partent de Toulon sans le moindre retard.

Le baron Gourgaud s'assurera du jour où les 5,000 fusils de Saint-Étienne seront prêts et encaissés, il fera connaître au bureau de l'artillerie qu'ils doivent être accompagnés d'un gendarme ou d'un sous-officier d'artillerie, et que, le 30 novembre, ils doivent partir pour Fenestrelle où ils seront à la disposition du prince Borghèse.

Le baron Gourgaud m'apportera aussi le projet du bureau pour les 10,000 fusils à envoyer de plus en Italie, afin que les ordres puissent partir dès ce soir.

Pourquoi ne fait-on que 2,000 fusils à Turin, a-t-on établi un atelier à Turin et un à Alexandrie pour les réparations ? Y en a-t-il un à Grenoble ? Combien y a-t-il de fusils étrangers et de fusils à réparer en Italie ?

NAPOLÉON.

Le général Hortel devra s'occuper de l'objet de la note ci-après :

Sans date.
(Fin novembre 1813.)

Toutes les places depuis Cologne jusqu'à Huningue sont fermées, il faut donc en tirer tous les dépôts qui y sont, prendre connaissance des conscrits des 120,000 hommes[1] qui avaient été dirigés sur ces places et distinguer ceux qui y sont arrivés de ceux qui sont encore en marche pour s'y rendre. Il y avait notamment 11,500 conscrits, destinés pour le 4ᵉ corps à Mayence[2]. Il faut savoir combien s'y sont rendus et combien doivent encore s'y rendre, afin de pouvoir donner des ordres pour changer leur destination.

Quant aux conscrits des 300,000 hommes[3], il y en a sans doute fort peu en marche, mais, quoi qu'il en soit, il faut toujours changer les ordres, tant pour ceux qui ont déjà été mis en mouvement que pour ceux qu'on doit y mettre.

———

Paris,   *janvier 1814[4].*

Le baron Gourgaud partira sur-le-champ pour Anvers, où il paraît qu'on a perdu la tête ; il témoignera mon extrême mécon-

---

1. Sénatus-consulte du 9 octobre 1813.
2. Ordre daté du 17 novembre 1813.
3. Sénatus-consulte du 15 novembre 1813.
4. Lors de l'insurrection qui avait éclaté, le 15 novembre, en Hollande, l'Empereur avait envoyé à Anvers le général Lebrun, duc de Plaisance, avec mission d'y organiser le 1ᵉʳ corps *bis* de la Grande-Armée en attendant l'arrivée du général Decaen rappelé d'Espagne pour prendre le commandement en chef de l'armée en Hollande. Celui-ci parvint le 4 décembre à son poste ; mais, déjà, l'avant-garde du corps prussien de Bulow occupait la ligne des bouches du Rhin et de la Meuse. Voulant concentrer à Anvers tous ses moyens de défense, Decaen autorisa le général Aubert à évacuer Bréda, et le colonel Legrand à abandonner l'important port de Willemstadt, où l'Empereur avait précédemment réuni de très sérieux moyens de défense. Le 9 décembre l'ennemi occupa Bréda et, le 10, les Cosaques du général Stahl entrèrent dans Willemstadt.

Pour exécuter l'ordre de reprendre Bréda, le général Roguet partit d'Anvers le 18 décembre et se présenta le 20 devant la place, mais il échoua dans son entreprise

tentement au général Decaen et au duc de Plaisance, ils ont fait l'insigne sottise d'abandonner Wilhelmstadt, sottise qui sera, de ma part, l'objet d'une enquête, la place étant armée et en état de se défendre. En outre, on y a brûlé une flottille de trente chaloupes canonnières dont la garnison seule était susceptible de défendre la ville : c'est un très grand malheur.

On a évacué Breda, c'est d'une moins grande conséquence, puisque la place n'était point armée, mais il y a une grande folie d'avoir pris l'alarme parce que quelques cosaques ont surpris quelques postes. J'espère qu'on a gardé Berg-op-Zoom, il faut leur remettre la tête.

En passant à Mons, le baron Gourgaud verra si les 1er et 2e régiments provisoires, partis de Paris, sont arrivés, s'ils ont été incorporés dans les 9e et 10e de tirailleurs, et s'ils sont partis pour Bruxelles.

Le cadre du 11e doit se rendre en poste à Saint-Quentin ; demain, le 3e provisoire partira de Paris, il se dirigera sur Bruxelles. Une batterie d'artillerie doit le joindre à Bruxelles, elle vient de Douai. Gourgaud m'écrira de Mons, etc., et me fera connaître ce que ces corps ont perdu par la maladie et les désertions.

Le 15, arrivera à Bruxelles la division Lefebvre-Desnouettes, forte de mille chevaux, elle filera sur Anvers, où je suppose qu'est le général Roguet, avec les 12e et 13e régiments de tirailleurs, et huit bouches à feu, la seconde brigade, composée d'un bataillon du 12e et du 18e voltigeurs, et de huit bouches à feu, la troisième brigade, composée des 9e et 10e régiments, avec une batterie de Douai qui partira de cette place le 20.

Le général Roguet aura donc à Anvers :

1re brigade, 4 bataillons ;
2e brigade, 3 bataillons ;
3e brigade, 4 bataillons.

Je ne parle pas du 11e tirailleurs, qui arrive le 20 ou le 22, à

et la ligne de défense de la Meuse fut définitivement perdue. Le général Decaen fut remplacé par le général Maison.

Il semble donc que l'ordre ci-dessus doit être daté du 11 ou 12 décembre 1813, car le service télégraphique entre Paris et la Belgique n'avait pas encore été interrompu par les coureurs ennemis.

Bruxelles, et y restera en réserve, non plus que de la 3° batterie, qui part de Douai le 20.

Gourgaud écrira de Bruxel.es au directeur d'artillerie de Douai pour hâter l'organisation de l'artillerie de la garde et du premier corps *bis*.

Je ne mets qu'un bataillon du 12° parce que le 2° bataillon n'arrivera que le 23 à Bruxelles, où il se joindra aux deux du 11° et formera une réserve. Roguet a donc 11 bataillons et 6 pièces de canon à Anvers. Le général Castex doit avoir 250 lanciers rouges, 150 chasseurs de la garde et 200 gardes d'honneur, total : 600 chevaux, et le 16 les mille chevaux de Lefebvre-Desnouettes qui viendront avec une batterie à cheval y arriveront aussi, cela fera 1,600 chevaux.

Aussitôt Berg-op-Zoom assuré, ce qui est une affaire de la plus haute importance, il faut que le général Roguet rétablisse la communication avec Gorcum et reprenne Breda.

Si on reprend Breda, il faut se porter sur Wilhelmstadt, pour tâcher de le reprendre aussi. Le général Molitor doit être à Bois-le-Duc, d'où il communique nécessairement avec Gorcum et avec le duc de Tarente, à Nimègue.

Il ne peut y avoir en Hollande que 4,000 à 5,000 hommes de troupes anglaises. Il n'est pas raisonnable de penser qu'elles s'exposent en si petit nombre et avec des insurgés à s'avancer trop dans le pays. Il y a, de plus, 1,500 cosaques et la division prussienne Bulow, à Utrecht, forte de 8,000 hommes. Tout cela n'avancerait pas dans le pays, si on n'avait pas abandonné Wilhelmstadt, attendu qu'à Gorcum il y a 4,000 hommes avec le général Rampon, et que le duc de Tarente, à Nimègue, menacerait leurs flancs.

Le baron Gourgaud témoignera bien vivement au duc de Plaisance et surtout au général Decaen que je suis très mécontent de ce que l'on a abandonné une place telle que Wilhelmstadt, sans mes ordres. Quatre à cinq cents hommes étaient plus que suffisants pour la défendre.

Indépendamment des troupes de la garde, il y a à Anvers deux bataillons d'ouvriers de la marine, un bataillon du 108°, un du 48°, un du 13° léger, qui était à Breskens, et a l'ordre de se rendre à

Anvers, 4,000 à 5,000 hommes formés des bataillons du 1er corps *bis* et du 13e *bis*, nombre qui s'augmente tous les jours. Le 1er *bis* se compose de trois petites divisions, 20 bataillons, savoir : deux bataillons du 13e léger (dont un à Breskens doit se rendre à Anvers, l'autre, à Ostende, le joindra bientôt) ; deux bataillons du 12e, deux bataillons du 22e, un bataillon du 57e.

Gourgaud en prendra l'état, ce sont les 3e et 4e bataillons de l'ancien corps de Vandamme ; l'artillerie de ce corps s'organise à Douai, le 13e corps *bis* se compose de six bataillons du 13e corps, Gourgaud en prendra aussi les états.

Ainsi donc, on a les moyens nécessaires pour occuper Berg-op-Zoom, Anvers, réoccuper Wilhelmstadt et Breda. Breda n'étant pas armé, l'ennemi ne peut s'y maintenir. Je n'ai pas encore reçu la nouvelle que les ordres insensés d'évacuer Wilhelmstadt aient été exécutés. D'un autre côté, Rampon est avec 4,000 hommes à Gorcum. Le duc de Tarente occupe Nimègue avec son corps et s'approche de Bois-le-Duc, pour être à même de prendre l'ennemi en flanc. J'ai ordonné qu'une colonne mobile, avec cent gendarmes d'élite et 1,500 gardes nationaux, nettoye les Lys, un bataillon reste à Ostende, un à Cadzan, un à Bruges, pour appuyer les cent gendarmes. Cent autres gendarmes avec le général Saulnier font des colonnes mobiles dans le département des Deux-Nèthes ; enfin, il est nécessaire que le 11e de tirailleurs, qui arrive le 20 à Bruxelles et le bataillon du 12e avec une batterie, restent à Bruxelles pour contenir cette ville. J'ai fait partir, il y a trois jours, de Paris, un bataillon du 58e, un du 4e léger, un du 15e léger, j'ai ordonné qu'ils soient en garnison à Anvers, et places environnantes. Ces bataillons doivent, en huit jours, être à Bruxelles. Quant au bataillon du 15e, il fait partie du 1er corps *bis*, destiné aussi pour Anvers.

Je suppose que le général Decaen est en correspondance avec le général Molitor et le duc de Tarente. S'il n'y est pas, il faut qu'il s'y mette sur-le-champ et surtout, ne pas perdre la tête ; qu'un parti de cosaques et quelques mille insurgés ne lui fassent pas abandonner les places fortes.

NAPOLÉON.

3ᵉ Partie. — Années 1814 et 1815.

Sans date, mais évidemment de 1814 (janvier).

Gourgaud ira voir les ateliers de confection de l'administration de la guerre ; ateliers d'habillement. Combien d'habits de faits ? Combien en fait-on par jour ? Combien d'étoffes reçues ou à recevoir ? Savoir combien on peut habiller d'hommes avec habits et combien sans habits, mais avec capotes. Il verra la fabrique des schakos, celle des bottes, celle des selles, celle des voitures, l'équipage, caissons d'artillerie, il verra les bureaux d'artillerie, pour me faire connaître s'il n'y aurait pas moyen d'envoyer mille fusils dans les Vosges, mille du côté de Langres, enfin, si nous avons des piques pour armer les vétérans, et combien de fusils cette mesure donnerait. Gourgaud verra le ministre de la guerre pour savoir si on ne pourrait pas faire venir à Paris tous les vétérans ou invalides qui ont moins de quarante ans et qui seraient capables d'être caporaux. Il faut ordonner une visite à ce sujet dans les places de Louvain, etc., et diriger tous les hommes qui seront jugés disponibles sur Lyon, Fontainebleau et Lille, ce qui donnerait les moyens de réorganiser les cadres.

J'ai ordonné un appel dans les départements, à tous les hommes qui sortent de la garde ; Gourgaud me rapportera l'état détaillé de tous les canons qui sont à Vincennes, et aux Invalides, et ceux qu'on pourrait faire venir du Havre et de Cherbourg sans nuire à l'armement de ces places ; mon but serait d'en envoyer quelques-uns à Langres et à Auxonne, afin d'avoir sous la main quelques pièces pour garnir quelques redoutes. Les pièces des invalides sont sur affûts marins, ainsi que celles de Vincennes, je crois. Il faut avoir des affûts de siège afin d'employer ces pièces selon les circonstances ; Gourgaud demandera au conseil de défense si la Fère peut être mis à l'abri d'un coup de main. Gourgaud verra quelle est l'artillerie de la garde qui se trouve à la Fère, et celle destinée pour le premier corps. Il faudra rapprocher de Vincennes les batteries qui sont prêtes, connaître les batteries qui sont prêtes à Douai, pour le premier corps. Comme j'espère qu'il aura sous peu dix à douze mille hommes, il lui faudrait trois batteries, afin que si je retirais la division Roguet, il y eût de l'artillerie près d'Anvers.

Gourgaud verra le comte Daru, pour savoir où sont tous les dépôts des équipages militaires. La guerre se rapprochant des Vosges, il faut en éloigner tous les dépôts, ainsi que tous ceux du train d'artillerie, afin d'éviter ce qui est arrivé près de Trèves.

NAPOLÉON.

Paris, le 17 janvier 1814.

La garde doit avoir 166 bouches à feu à Châlons, et un approvisionnement attelé suffisant, mais il faut à Vincennes un double approvisionnement, soit dans les caissons, soit dans des caisses, afin qu'on puisse le faire venir en poste, s'il est nécessaire, et qu'on ne manque ainsi jamais de munitions.

Me faire remettre l'état de ce qui existe.

Il me faudrait, indépendamment des 166 bouches à feu de la garde, 340 bouches à feu de la ligne, afin d'avoir 500 pièces de canon en batterie, au camp de Châlons.

Je vois, par l'état du 25 décembre, que le 2e corps a 22 bouches à feu ; le 5e, 14 ; le 6e, 24 ; le 11e, 15 ; le 1er de cavalerie, 6 ; le 2e, 4 ; le 3e, 6 ; le 5e, 6 : il y aurait donc attelées 97 bouches à feu.

46 bouches à feu sont avec la réserve de Paris, c'est-à-dire six batteries. Il y aurait donc déjà à l'armée 143 bouches à feu attelées.

Je vois qu'il y a au parc général, 251 bouches à feu, dont 40 sans affûts, reste 210 bouches à feu, ce qui ferait en tout 353. Cela est mon compte. Il ne s'agira plus que d'atteler les 200 pièces et leurs caissons ; où sont les chevaux d'artillerie, les soldats du train et les harnais ? Et où est le personnel pour ce service ? cela demande une sérieuse attention, car le 24, il me faut 600 bouches à feu en état de servir.

Un simple approvisionnement, comme je l'ai déjà dit, est suffisant, mais il faut un double approvisionnement à Vincennes ; or un double-approvisionnement de 500 pièces de canon serait cent mille coups de canon, qu'il faut avoir à Vincennes ou aux Invalides.

Le général Neigre s'occupera soigneusement de cela.

Suivant l'état du 25, il n'y aurait que 31,000 coups à tirer. Il faut user de tous les moyens pour faire confectionner des cartouches, et faire venir en poste des cartouches confectionnées du Havre, de Boulogne, Cherbourg et autres points.

Il faudrait établir entre Paris et Châlons des relais de paysans pour le compte de l'artillerie, de manière que le remplacement des munitions se fasse rapidement. Le général Neigre fera un projet là-dessus.

Il faudrait aussi établir des relais qui pussent être employés à faire venir des troupes en trois jours et faire également les évacuations de blessés et de malades et même le transport des vivres si cela était nécessaire.

NAPOLÉON.

Instructions dictées par l'Empereur pour son officier d'ordonnance baron Pailhou.

Paris, le 17 janvier 1814.

Le baron Pailhou partira sur-le-champ pour Châlons. Il verra le préfet, pour que l'on construise sur-le-champ deux manutentions de six à huit fours chaque, avec un approvisionnement de bois. L'intention de Sa Majesté est que le préfet requière de la farine et des fourrages et que le quartier de l'Empereur soit marqué à Châlons.

Le baron Pailhou écrira tous les jours à l'Empereur pour lui faire connaître tout ce qui arrive, troupes ou dépôts, verra les manutentions, l'emplacement à donner aux nouvelles, choisira également l'emplacement pour les magasins, enfin, il donnera la plus grande activité et me rendra compte des obstacles qui pourraient se rencontrer. Il sera porteur de l'ordre ci-joint pour l'intendant général.

Le baron Pailhou dira à Montron (général) de faire visiter tous les dépôts qui passent à Reims, Châlons et Vitry et de faire revenir sur Châlons les fantassins et cavaliers, équipages militaires, etc., qui seraient disponibles, il en prendra l'état qu'il m'enverra.

Le baron Pailhou passera à la pointe du jour à Meaux, il verra le général Delort, qui y est avec 600 chevaux, m'enverra l'état-situation détaillé de cette troupe, corps par corps et il faut connaître s'ils ont des cartouches, et si les colonels, chefs d'escadron, etc., sont arrivés : leurs noms.

Enfin le baron Pailhou rendra compte à Sa Majesté de tout ce qui pourrait l'intéresser et fera en sorte que l'on mette la plus grande activité partout.

———

Comparer la lettre suivante avec le n° 21,457 de la *Correspondance*. Napoléon au Major général. Chavignon, 8 mars 1814.

Chavignon, le 8 mars 1814.

Le baron Gourgaud demandera au général Friant deux bataillons, chacun de 400 hommes, des chasseurs les moins fatigués et les meilleurs marcheurs ; ils laisseront leurs sacs ici. Il demandera qu'il y ait parmi ces hommes, vingt ou trente soldats qui soient de Laon ou des environs, s'il y en a ; et surtout, il demandera s'il y en a du côté d'Anisy. S'il y en a, on les prendra, soit parmi les grenadiers, les chasseurs, les gendarmes, on les mettra en tête, ils serviront de guides. Le baron Gourgaud demandera à Excelmans cent Polonais, cent chasseurs, cent dragons, parmi lesquels on en mettrait une quinzaine du même canton ou des environs de Laon. S'il y a des officiers de Laon, soit de l'infanterie, soit de la cavalerie, mais surtout de la cavalerie, il les demandera. Si dans les canonniers à cheval, il y en a du même canton, il les prendra pour mener la cavalerie, il choisira un bon officier polonais qui parle russe, avec un piquet de vingt-cinq hommes chargés d'enlever les Cosaques. Il prendra deux pièces de six et un caisson. Il aura avec lui quelques sapeurs, pour raccommoder le pont, en cas de besoin ; au pis aller, il laisserait son artillerie, s'il y avait des embarras.

La première opération est d'enlever le poste de cosaques qui serait à Chaillevé. S'il y en avait d'autres, aux coins des bois, il faut s'en informer et les enlever également; pour cela, les Polonais s'y présenteront comme Russes, causeront avec eux, et, pendant ce temps, les habitants conduiront la colonne sur les derrières. Vers une heure du matin, on fera halte dans le plus grand silence, on prendra les mesures d'usage et on se portera sur le village de Chivry, entre une heure et deux. S'il y a peu d'ennemis, on tâchera de les enlever, s'il y en a beaucoup, on marchera à la baïonnette avec des cris épouvantables. Au même moment, le maréchal passera sur la chaussée et toute la cavalerie sera derrière, avec deux batteries d'artillerie légère, pour se porter sur Laon. Le duc de Trévise suivra le prince de la Moskowa. Ils se rangeront en bataille en avant de Chivi, pour soutenir la cavalerie, si elle était ramenée.

NAPOLÉON.

————

Cette dépêche est évidemment de fin décembre 1813 ou des premiers jours de 1814. Elle ne se trouve pas à la *Correspondance*.

Le baron Gourgaud verra le ministre de la guerre, il lui dira que, d'après des nouvelles de Bayonne, la rentrée des régiments espagnols en Espagne fait effet. Il est donc important de bien faire connaître la situation des divisions de Bordeaux et de Toulouse, qui marchent sur Orléans, et de celles de Nîmes et de Montpellier, qui marchent sur Lyon. Il faut expédier une estafette extraordinaire au duc de Dalmatie, pour lui faire connaître l'état des choses et pour qu'il mette sur-le-champ en marche la moitié de sa cavalerie et la moitié de son artillerie légère sur Orléans, il faut donner ordre au duc de Dalmatie qu'il tienne une division de dix mille hommes prête à se rendre en poste à Paris. Il doit placer son artillerie de manière à pouvoir se mettre en marche promptement.

Cette division se mettra en marche dès que les Espagnols seront rentrés en Espagne. Aussitôt que l'on aura reçu cette nouvelle, l'autre moitié de la cavalerie se dirigera sur Orléans avec une autre partie de l'armée, mon intention étant de faire venir ici l'infanterie en poste par trois directions. Il faut tout préparer d'avance pour cela et que l'artillerie, sous le prétexte des fourrages, se rapproche de la Loire. Gourgaud me rapportera les états faisant connaître où se trouvent les équipages d'artillerie, les équipages militaires, la cavalerie, etc., et où sont les différentes divisions.

On doit faire connaître au duc de Dalmatie que, depuis le 18 décembre, San Carlos est passé à Girone, porteur du traité conclu avec Ferdinand, et que j'ai le plus grand intérêt à avoir la plus grande partie des forces pour couvrir Lyon et Paris.

Faire connaître que l'ennemi est devant Besançon, Belfort, Genève, sur les Vosges.

Que la première moitié de la cavalerie la plus près de Paris et composée de régiments anciens doit partir sur-le-champ, quand même on n'aurait pas la nouvelle positive de la rentrée des troupes espagnoles en Espagne; il faudrait seulement avoir le soin de déguiser la marche le plus possible. Il faut écrire par estafette extraordinaire à Suchet pour lui faire connaître l'état des choses et qu'il rappelle toute sa cavalerie sur la frontière des Pyrénées, afin qu'aussitôt qu'il sera instruit de l'effet produit par San Carlos, il dirige sa cavalerie, son artillerie, la moitié de son infanterie en grande marche sur Lyon. Faire de suite tous les mouvements préparatoires et même, quand l'affaire d'Espagne ne réussirait pas, il faut ordonner que le treizième de cuirassiers et la moitié de l'artillerie commencent à se mettre en marche sur Lyon. Faire connaître également l'importance d'avoir des forces pour couvrir Lyon, Paris, etc. Suchet doit se préparer pour faire venir en poste son infanterie par deux chemins, ces ordres doivent être envoyés à la fois par estafette et par un officier.

On demande quelques fusils pour le Mont-Blanc. Ne pourrait-on donner de ceux destinés à l'Italie.

On en demande à Lyon.

J'ai levé cent cohortes de gardes nationales, comment les armer ?

Gourgaud verra le général Évain pour savoir :

1° Il faut 40,000 fusils pour les divisions de Toulouse, Montpellier, où sont ces fusils ?

2° Où est l'artillerie de ces quatre divisions ?

Mon intention serait de faire venir les divisions de Nîmes et de Montpellier sur Lyon ; a-t-on tiré tous les fusils de Saint-Étienne ? Où sont actuellement tous nos fusils ? Gourgaud me rapportera tous les états.

———

Sur la même feuille que la précédente :

D'Hastrel[1] fera la répartition des 18,000 hommes, en remplacement des 23,000, des 300,000 que je garde.

L'Arno, l'Ombrone, la Méditerranée seront pour les régiments en Toscane.

Le Trasimène, Rome, seront pour les régiments à Rome, il me restera donc : Gênes, Apennins et Montenotte, qui seront par régiments dans la rivière de Gênes.

D'Hastrel fera un tableau qui fasse connaître aux ministres de la guerre et de l'administration de la guerre que l'armement et l'habillement doivent être assurés, puisqu'ils l'étaient précédemment.

———

Note.

En marge : Angers. Le 2 juin. LARIBOISSIÈRE.

1815 (sans doute).

Le deuxième régiment de voltigeurs de la garde est composé de 25 officiers et 1,054 sous-officiers et soldats, total : 1,079 hommes présents.

Le 2ᵉ régiment des tirailleurs de la garde a, à Angers, 20 offi-

---

1. Directeur général de la conscription militaire depuis le 13 mars 1812.

ciers et 850 sous-officiers, total : 890 hommes. Il a, à la Flèche, un détachement pour protéger les convois.

Il manque dans ces deux régiments des officiers et des sous-officiers.

La force du 27ᵉ régiment de ligne est de 680 officiers et 630 sous-officiers et soldats, en tout 698 hommes.

Sur les trois compagnies d'artillerie qui sont arrivées à Angers, deux servent les batteries attelées des première et deuxième divisions, et la troisième est employée conjointement avec la compagnie de canonniers de la garde nationale au service de l'artillerie du château d'Angers et du Pont-de-Cé. Il y a, en tout, 25 bouches à feu.

La gendarmerie est remontée.

Il y a, présentement, dans le département, huit compagnies de gendarmerie, de 91 chaque, et huit lieutenances de trente hommes.

Le 27ᵉ régiment de ligne n'a rien reçu sur des ordonnances qui lui ont été envoyées pour 41,505 fr. Le payeur n'a pas de fonds, il est encore dû à ce corps plus de 30,000 fr. sur lesquels il n'a rien reçu, ce régiment n'a pas touché la solde de la seconde quinzaine de mai. Le prêt a été payé à la troupe, en sorte qu'il ne reste en caisse que celui nécessaire pour payer celui du 1ᵉʳ au 5 juin.

...Le corps demande un fort acompte sur ce qui lui est dû.

———

Les instructions suivantes paraissent être de 1815.

(*Fin mai ou commencement de juin.*)

Gourgaud verra le ministre de la guerre pour faire partir demain la batterie de 12 et les deux à pied, qui font un total de 18 pièces, avec le parc, qui doit être attaché au sixième corps. Elles se rendront à Laon avec la division de cavalerie et infanterie qui part aujourd'hui.

Il faut faire partir pour Laon la compagnie de sapeurs qui est avec la division...

Les deux autres, attachées aux deux autres divisions et celles attachées au parc.

Elles pourront travailler à Guise et à la Fère, mais il faut que cela soit désigné par le commandement.

Demander quand la division qui vient d'Orléans sera arrivée à Paris, pour être jointe au camp de Laon.

Voir la situation de tout ce qui est à Vincennes, pour savoir au juste les ressources que nous y avons : personnel, matériel, munitions, etc.

18 compagnies :

6 du 8ᵉ régiment, à Rennes,

8 du 7ᵉ régiment, à Auxonne,

4 du 5ᵉ régiment, à Metz,

arriveront les 7, 8 et 9 pour être employées au grand parc général de 300 bouches à feu que l'on doit organiser à Vincennes.

Après le départ des trois batteries, il ne restera à Vincennes que les six compagnies du 4ᵉ à pied, fortes de 40 à 45 hommes chaque, et la 1ʳᵉ du 2ᵉ à pied.

Le départ des trois batteries enlèvera tous les soldats du train. Le général Évain écrit aux préfets de Paris, Versailles et Melun, d'envoyer à Vincennes tous les hommes de 20 à 40 ans qu'ils pourront recruter pour le service du train.

Les quatre compagnies des équipages militaires emporteront demain un million de cartouches d'infanterie pour la Fère et être en dépôt pour l'armée.

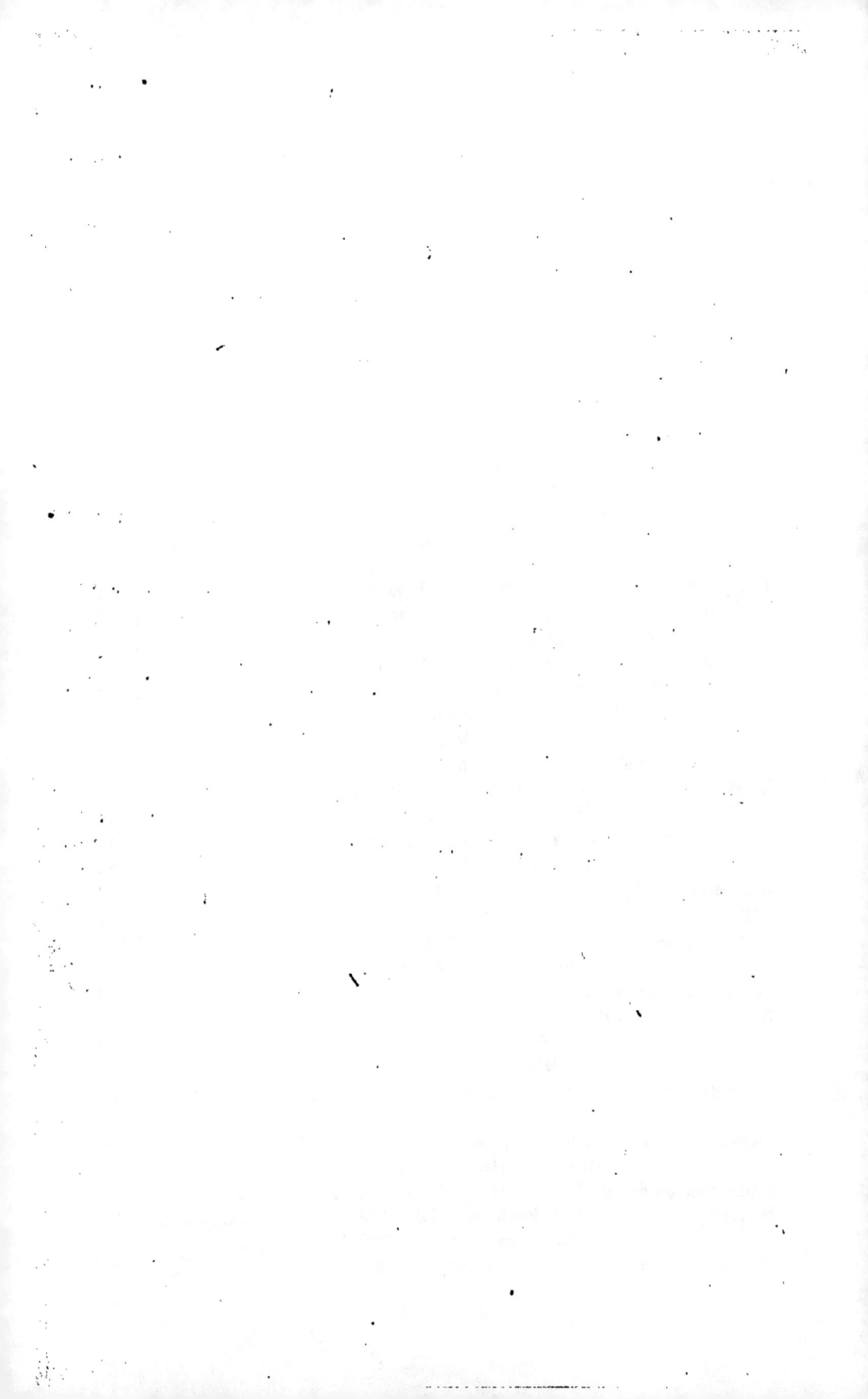

TABLE DES MATIÈRES

———

www.ingramcontent.com/pod-product-compliance
Lightning Source LLC
Chambersburg PA
CBHW060633100426
42744CB00008B/1608